TRÉBO

CW01666885

Títulos de l

Serie «Cuentos escogidos»

Crónicas de Media Tarde - *Juan Farias*
Leyendas - *Gustavo Adolfo Bécquer*
Cuentos de hadas para niños I - *H. C. Andersen*
Cuentos de hadas para niños II - *H. C. Andersen*
El príncipe feliz y otros cuentos - *Oscar Wilde*
El escarabajo de oro y otros relatos - *E. Allen Poe*
¡Adiós, Cordera! y otros cuentos - *Leopoldo Alas «Clarín»*
Cuentos de los hermanos Grimm - *Jacob y Wilhelm Grimm*
El fantasma de Canterville y otros relatos - *Oscar Wilde*
Cuentos - *Pedro Antonio Alarcón*
Cuentos de la Selva - *Horacio Quiroga*
La Bella y la Bestia y otros cuentos
- *M.L. de Beaumot y M. D'Alnoy*
Cuentos de antaño - *Charles Perrault*
Cuentos sobrenaturales - *Sir Walter Scott*
Tres cuentos de Francia - *G. Sand, H. de Balzac, A. Dumas*
Cartas desde mi molino - *Alphonse Daudet*

Serie «Leyendas y cuentos populares»

Basajaun, el señor del bosque - *Seve Calleja*
Cuentos populares de Iberoamérica - *C. Bravo-Villasante*
La huella del dragón - *Anónimo*
Cuentos judíos - *Miguel Ángel Moreno*
Cuentos populares británicos - *K. Crossley-Holland*
El círculo de la choza - *Anónimo*
Cuentos de vampiros - *Anónimos y colectivos*
La noche del Samurai - *Anónimos y colectivos*
El Viento del Norte - *Alberto Marín Carreño*
Un mago en la Corte - *Juan Miguel Sánchez Vigil*
El Zar Saltán - *Anónimos y colectivos*

EL SABUESO
DE LOS BASKERVILLE

Novela

TRÉBOL ORO

EL SABUESO DE LOS BASKERVILLE

Arthur Conan Doyle

ilustraciones de

Isabel Pellón

EDICIONES Gaviota

Título original: *The Hound of the Baskerville*
Traducción: Tradutex

Manuel Tovar, 8
28034 MADRID (España)
ISBN: 84-392-1651-3
Depósito legal: LE. 1.235-2005

Printed in Spain - Impreso en España
Editorial Evergráficas, S. L.
Carretera León - La Coruña, km. 5
LEÓN (España)

INTRODUCCIÓN

1. CONAN DOYLE

Arthur Doyle Foley nació en Edimburgo (Escocia) el 22 de mayo de 1859. Su padre se llamaba Charles. Su madre, Mary. Y un tío-abuelo, que mucho le quería y que le empujó tozudamente hacia el camino de la literatura, se llamaba Michael Conan. Cuando Arthur se decida a empuñar la pluma, se acordará del tío Michael, y articulará su propio nombre literario de este modo: *Arthur Conan Doyle*. Por este nombre le conocemos todos, y con él figura en las historias de la literatura.

Familia de buena posición económica y cultural, de confesión católica y de talante liberal —en el sentido que hoy damos a este término—, Arthur respiró en ella el aire adecuado para una formación personal esmerada y exenta de traumas que pudieran obstaculizar su propia identificación individual.

Tras los primeros estudios en centro público, ingresa en un colegio de la Compañía de Jesús. Secularmente, los jesuitas arrastraban fama de impartir una enseñanza sólida, amparados en disciplina notable. Esta disciplina supuso, al parecer, para Arthur, un choque con el ambiente familiar. Fue la madre la encargada de suavizar ese choque. Y lo hizo, a fuer de inteligente, sin oponer un dogmatismo a otro. En ningún momento de su vida fue Doyle incitado por presiones castradoras de su arbitrio ni de su control individual. Esta importantísima faceta de su personalidad queda patente en dos hechos, contradictorios sólo en apariencia: uno, la autoridad de la madre se mantuvo intacta, incluso en la actividad literaria del hijo; otro, el dogmatismo que toda disciplina rezuma —y más si la disciplina escolar se apoya de algún modo en una ideología, religiosa o no— produjo en la personalidad intelectual de Arthur una tendencia al rechazo de la disciplina jesuítica misma y de todo cuanto ella implicaba, las creencias religiosas incluidas. Pero este dato, aunque importante, no anula al más importante de la sólida formación humanística que de los jesuitas recibió a lo largo de ocho años, y que le dejó, bien equipado, a las puertas de la universidad.

Teniendo en cuenta los estímulos de su tío-abuelo Michael, el recuerdo imborrable de los cuentos que su culta madre le contaba cuando niño, y los pertrechos humanísticos adquiridos en el colegio de los hijos de Loyola, parece lógico que Arthur quisiera estudiar una carrera de Letras, para dedicarse luego a escribir. Y ésa fue su intención. Pero la delicada salud de su padre forzó una solución pragmática, como convenía además al ambiente de la era victoriana. Pareció, en consecuencia, de más prudente e inmediata utilidad doméstica que Arthur estudiara una carrera de Ciencias, en concreto la de Medicina. Y así lo hizo en la universidad de Edimburgo. Una vez más subrayo que la personalidad de Doyle se manifiesta en toda su independencia en dos hechos, sólo en apariencia contradictorios: uno, metido él en los estudios de Medicina, parece olvidarse totalmente de la razón utilitaria con la que los comenzó, y los afronta de manera crítica y selectiva; otro, estos estudios "científicos", lejos de apagar en él la llama humanística, la avivan más, haciendo de él uno de esos pocos escritores cuyo genio tiene innumerables facetas, justamente por el talante interdisciplinario de su aparato mental. Esta unidad armónica y madura de elementos, al parecer tan distantes y distintos, es, a mi juicio, uno de los rasgos más definidores de la personalidad extraordinaria de este escocés extraordinario.

Con veintidós jovencísimos años, médico ya, se embarca, como tal, en un barco ballenero. Más tarde, también como médico, realiza un viaje al África oriental. Superada allí una grave enfermedad, y escapado de la muerte en el incendio del barco en que prestaba sus servicios, retorna a la metrópoli.

Sigue ejerciendo la Medicina. Primero, en Plymouth, como ayudante de un antiguo condiscípulo de universidad. Luego, en Londres, barrio de Southsea, donde abre un consultorio público al que atiende desde 1882 hasta 1890. La clientela es escasa y el tedio se apodera del joven médico. Es entonces cuando la simple necesidad de emplear el tiempo le urge a acudir al depósito de sus reservas "humanísticas". Y se pone a escribir. Tras casarse en 1885 con Louise Hawkins, en 1886 termina su primer libro, que se publica en 1887 y que es —a pesar de que él no lo sepa, a pesar de su escaso éxito inmediato, y a pesar de la enemiga de la crítica— un hecho que debe ser considerado necesariamente como histórico. El libro se titula *Estudio en escarlata.* En sus páginas ve la dudosa luz primera de la letra impresa Sherlock Holmes, figura pronto convertida en mito indiscutible en el panorama de la llamada novela policíaca (o policial) en su variante detectivesca.

Pero el caso es que la vena literaria de Arthur no se agota con la obra holmesiana, aunque muchos lo crean así por ignorancia disculpable, y también porque la historia y la crítica literarias han contribuido a dar ese enfoque parcial y, por tanto, incompleto e injusto del gran escritor escocés. No. Una vez que se ha re-encontrado a sí mismo en el tajo de la literatura, su caudalosa vena creativa se irá ramificando en unas cuantas acequias que, al tiempo que hacen más fecundo el campo de trabajo, dan fe de la polifacética capacidad de Doyle y de su entrega vocacional a la escritura, irremediablemente arrinconado ya el ejercicio de la Medicina. Señalo tres acequias: la historia, el ensayo y la narración breve.

Arthur es un devoto ferviente de Walter Scott. En la línea de una lógica elemental, esa devoción se hace letra creadora en novelas como *Micah Clarke* (1889). La historia apetecía a Doyle de modo muy particular. Estaba de acuerdo con sus críticos: escribir novela detectivesca era prostituirse y dar alimento a paladares estragados. Lo cual enseña que el único crítico que no falla es el tiempo. Doyle, pues, aspiraba a ser escritor de obras históricas que le dieran plena satisfacción personal, y fama. Con esta voluntad publicó su gran obra *La guardia blanca* (1891), y también *La sombra grandiosa* (1892), *Las hazañas del brigadier Gerard* (1896), *Rodney Stone* (1896), *Aventuras de Gerard* (1903), *Sir Nigel* (1906), y varias más.

El ensayo entraña para Conan Doyle, según creo, un significado de retiro eficaz para goce y enriquecimiento de sus reservas intelectuales. En él satisface su necesidad de estudio y su adicción histórica; en él somete a prueba de fuego esa idea abstracta que se llama patriotismo y que para él presenta una faz de inesperada y sangrante exigencia práctica; en él, finalmente, deja entrever esas subterráneas galerías que minan la vida y la personalidad de todo ser humano y que se iluminan efímeramente, dudosamente, al resplandor instantáneo de la palabra poética. En este amplio apartado se encuentran a gusto, entre otras, estas obras: *Los refugiados* (1893), *Canciones de acción* (1898), *La tragedia del Korosko* (1898), *La gran guerra bóer* (1900), *La guerra de Sudáfrica: sus causas y modo de hacerla* (1902), *Canciones del camino* (1911), *La guerra alemana: detalles y reflexiones* (1914), *La campaña inglesa en Francia y Flandes* (1916-1919), *La nueva revelación, o ¿qué es el espiritismo?* (1918), *Los guardias vinieron, y otros poemas* (1919), *Las andanzas de un espiritista* (1921), *Historia del espiritismo* (1926), etcétera.

En fin, la acequia de la narración breve cubre un amplio terreno de la superficie total del campo literario de Conan Doyle. Evidentemente, sus mejores narraciones cortas son las más de cincuenta de tema holmesiano. Por ejemplo: *Misterios y aventuras* (1889), *El capitán de la estrella polar y otros relatos* (1890), *La bandera verde y otros relatos de guerra y de deportes* (1900), *Cuentos alrededor del fuego* (1908), *¡Peligro! y otros relatos* (1918), *El abismo de Maracot y otros relatos* (1929), etcétera.

Como guinda de esta tarta, testigo insobornable de la vena pasmosamente prolífica de un creador versátil de verdad, coloque el lector *El mundo perdido* (1912), obra en la que Doyle se asoma, con maestría absoluta, al vacío de la ciencia-ficción, y en la que crea la figura del profesor Challenger, comparable en perfección a la de Sherlock Holmes, aunque menos conocida.

Doyle, pues, escribe mucho y de muchas cosas. Nada extraño, porque su personalidad es desbordante: médico, político, jugador de fútbol, de críquet y de billar, boxeador, viajero incansable, esquiador (él es el introductor del esquí en Suiza en 1893), inventor del chaleco salvavidas de la Marina, impulsor eficaz del uso del casco de acero en el ejército, atento denunciador de la amenaza de los submarinos en la Primera Guerra Mundial, colaborador íntimo de Winston Churchill, contribuyente indiscutido a la mejora de los métodos policiales y al estudio de la criminología en el mundo entero.

En 1902 Conan Doyle recibe el título de *Sir.* Tal honor no es debido sólo a su categoría literaria. Él fue diputado por Edimburgo, participó activamente en guerras como soldado y como médico, defendió la política exterior de la Gran Bretaña...

Rico en años, en dinero y en fama —la que sus libros holmesianos le proporcionaron—, *sir* Arthur Conan Doyle murió el 7 de julio de 1930 en su residencia de la campiña de Sussex, a la que se había retirado, a imitación de Sherlock Holmes, que sigue y seguirá viviendo allí. Paradoja propia en exclusiva de los genios es que ciertos hijos suyos sean inmortales.

2. LA NARRACIÓN POLICÍACA

Ahora habría que escribir una palabra acerca del marco histórico-social en el que están atrapados Conan Doyle y sus libros, también los policíacos. No se puede. Razones espaciales. Retenemos este enunciado: Era victoriana. En él encerramos los sesenta y cuatro años de reinado de la reina Victoria –de 1837 a 1901–. Años de despegue industrial, de progreso, de moralidad rígida, de esplendor imperialista, de pragmatismo utilitario, de revueltas proletarias y de apuntalamiento de ideales conservadores en el Reino Unido. Doyle es, cronológicamente por lo menos, un escritor ejemplarmente victoriano.

Con este apunte histórico a la vista, podemos acercarnos con tranquilidad a la narración o novela policíaca porque sabemos el terreno que pisamos. Y lo primero que tenemos que confesar es que el concepto de novela policíaca no es nada sencillo de formular, contra lo que pudiera parecer. La dificultad está en el punto de partida. Quiero decir: ¿se trata de un relato en torno al quebrantamiento de unas normas, es decir, en torno a una infracción concreta de una ley concreta y, por tanto, en torno al intento de destrucción de un orden establecido, aceptado socialmente y amparado por la Ley?; ¿o se trata, simplemente, de la Institución policial, dedicada a la búsqueda del infractor de la Ley –el criminal– para entregarlo, o no, a la Justicia? Yo creo que de la combinación de las posibles respuestas a estas dos preguntas se puede aislar un elemento que, en principio, parece de solidez suficiente para sustentar, como punto de referencia, las nociones que aquí necesitamos, y que no son muchas.

Ese elemento es *el crimen*. De hecho, todas las narraciones policíacas se basan en él, bien tomado en el sentido estricto de "asesinato", bien en un sentido más amplio que abarca desde el robo al espionaje.

En todo caso, el relato policíaco parece curvarse siempre sobre la búsqueda del "criminal", sea por parte de la Institución policial, sea por la de agentes privados que trabajan por cuenta propia y a los que se viene dando el nombre de *detectives,* bien por la colaboración entre policías y detectives.

No me apetece entrar en la cuestión de los antecedentes de la novela policíaca. Si uno se empeña en ello, encuentra antecedentes a cualquier cosa. Sí parece razonable recordar a E. A. Poe. En *Los crímenes de la calle Morgue* (1841), *El misterio de María Roget* (1843) y *La carta robada* (1845) se encuentra por primera vez la manipulación sistemática del crimen en cuanto problema o enigma, y la correspondiente investigación policíaca para resolverlo o desvelarlo.

Sea como sea, hay que reconocer y afirmar que el verdadero fundador del género literario policíaco —y, más exactamente, del detectivesco— es Conan Doyle. Fue él quien acertó a crear el detective tipo, modelo, ejemplar y paradigmático.

La narración detectivesca de Doyle fuerza al máximo la tensión de la línea de comunicación entre el texto y el lector. Esto quiere decir que los relatos holmesianos son piezas de un "juego de ingenio", "rompecabezas", *"puzzle",* "crucigrama" o "acertijo" en las que el lector se ve atrapado por el peculiar modo con que el autor le presenta la trama textual. Pero ocurre que el lector, aunque envuelto golosamente en el ingenioso juego o en la tarea de armar el *puzzle,* está en desventaja, porque el autor no le proporciona en el texto las piezas suficientes y necesarias para llevar a cabo la operación que le pide realizar, o se las proporciona muy oscuramente. Entiéndase: ante un relato policíaco hay tres variantes, que son: el detective, el lector y la búsqueda o investigación. El autor es quien maneja los hilos del texto o tejido a su arbitrio, de modo que hace creer al lector que se encuentra, ante la investigación, en las mismas condiciones que el detective. Pero eso no es verdad. Y el lector lo sabe. Y sigue colaborando. Pero llega un momento, tal vez inadvertido, en el que él, el lector, se convierte de actor en espectador, "suspendido" ante la complejidad de la trama, desorientado, y anhelando, en tensión, descubrir la solución o desenlace del caso. En esto consiste el vulgarmente llamado "suspense".

Desde la otra óptica, la cuestión podría formularse así: la obra literaria tiene un innegable carácter lúdico. La narración policíaca, un carácter lúdico más acentuado. El lector, por más que trate de identificarse con el detective, nunca podrá estar a su nivel de 'conocimientos' ni de 'información', porque si así fuera el texto perdería, paradójicamente, su carácter lúdico, y el lector mismo vería frustrado el resultado de su operación lectora, al desaparecer el *suspense.*

Por tanto, la identificación *lector = detective* es algo psicológico, subjetivo, creado por el lector mismo –bajo la instigación del escritor a través del texto, claro está–. De acuerdo con su temperamento, su fantasía, su experiencia lectora, etc., el lector es quien da la graduación, en más o en menos, a esa identificación.

La *evasión* resulta ser tanto más radical y gratificadora para el lector, cuanto más radical sea la inmersión del lector mismo en las aguas del texto. Por ello, y en cuanto literatura de evasión, la novela o narración policíaca es siempre eficaz.

Se comprende sin esfuerzo. El lector es un agente o elemento dúctil. Debe serlo. Sólo así se adaptará a la distinta situación que plantea la lectura de una obra policíaca "actual" y la de una obra "tradicional". La descripción de personajes, ambientes, etc., y la nómina de elementos en juego varían, tal vez sensiblemente, de una situación a otra.

No cabe duda de que el lector avezado sabrá discernir en cada caso, tanto más cuanto que este género rarísimamente se presenta en estado químicamente puro.

En cualquier caso, no hay que perder de vista que la novela o narración policíaca es, ante todo y siempre, una novela o narración *problema.* Insisto en lo que esto quiere decir: ante todo, que existe el hecho —el “caso”— en cuanto problemático, es decir, sin solucionar; luego, que se trata de resolver el problema, buscando la solución verdadera, y ello por medio de planteamientos adecuados; después, que no raramente el “problema” rompe la cáscara de su propia individualidad y se convierte en una especie de reflejo o testigo de la problemática de grupos humanos concretos, incluso de la problemática de la sociedad entera, más aún, de toda la humanidad, en un momento determinado o en una época precisa. Cuando esta extrapolación se da, sin manejos ideológicos, el texto policíaco adquiere esa universalidad exigible a toda obra de arte.

Un elemento que nunca falta —que no debe faltar— en la novela o narración policíaca es el *humor*. La dificultad está en saber qué clase de humor y en qué dosis. No quiero entrar aquí en señalar humores intelectualizados, burlescos, negros, blancos, verdes o colorados. Entiendo por humor, sencillamente, la capacidad que el texto debe tener para hacer sonreír al lector.

Volveré sobre algunas de estas cosas en el momento de su aplicación a nuestro objeto empírico de estudio, que es la detectivesca de Sherlock Holmes.

3. EL DETECTIVE

Un esquema básico de narración policíaca, suficientemente amplio como para dar cabida a todos los casos posibles, sería éste:

1) Hay un estado inicialmente supuesto de tranquilidad y de seguridad personal y/o colectiva. *2)* Este estado se ve alterado negativamente por un hecho concreto cuya causa o agente se desconocen. *3)* El individuo y la colectividad reaccionan para corregir esa alteración y hacer que la situación retorne al punto de partida. *4)* Este retorno no se logra sin una búsqueda, hallazgo y corrección ejemplar de la causa o agente de 2). *5)* El individuo o la colectividad encomiendan esa tarea a miembros especializados de su propio cuerpo social: policías, detectives. *6)* El detective se enfrenta con el caso que le ha sido encomendado y se entrega a su esclarecimiento y solución, valiéndose para ello de unas técnicas materiales y mentales que, en el fondo, son siempre lógicas, y que desde tiempo inmemorial se entienden arracimadas en torno a las llamadas "preguntas del detective perfecto", y que son: *¿qué?, ¿quién?, ¿cómo?, ¿dónde?, ¿cuándo?, ¿por qué?, ¿con qué?, ¿para qué?*

Un detective es, pues, un rastreador, un buscador, un descubridor. Hay toda una teoría acerca de las características que deben adornar a este ser dedicado —por interés económico o placer estético— a la tarea de detectar y combinar pistas.

Para nuestras necesidades lectoras concretas me parece suficiente lo que sigue:

1. El detective tiene, por definición, un *agudísimo espíritu de observación* que se ceba en los detalles más pequeños, en aquellos que pasan inadvertidos a cualquier otra persona por perspicaz que se la suponga. En este sentido, para el detective no hay detalles inútiles ni extraños.

2. El detective es una persona de una *profunda preparación.* Óptima preparación física, por supuesto. Pero, sobre todo, buena preparación intelectual, es decir, capacidad lógico-combinatoria, o, lo que es lo mismo, rapidez de reflejos y capacidad para establecer relaciones entre todos los detalles o elementos que la investigación le va deparando.

3. Parece evidente que todo esto sería inútil sin una *gran memoria.* Yo entiendo al detective como un ordenador al que llegan muchos datos. Tarea suya es almacenarlos ordenadamente y procesarlos de la manera más eficaz.

4. EL CANON HOLMESIANO

Llegados a este punto, invito al lector a conocer –o a recordar– las obras de Conan Doyle que tienen como protagonista directo y exclusivo a Sherlock Holmes.

Suele llamarse "Canon holmesiano" al conjunto total de esas obras. El lector sabe que canon equivale a "lista auténtica" o "catálogo completo". Dicho canon abarca cuatro novelas y cincuenta y seis narraciones breves. Ni más ni menos. La cronología y distribución son como sigue:

Novelas: *Estudio en escarlata* (1887), *El signo de los cuatro* (1890), *El sabueso de los Baskerville* (1902) y *El valle del terror* (1915).

Narraciones breves: *Las aventuras de Sherlock Holmes* (1892).

Comprende: *Un escándalo en Bohemia; La liga de los pelirrojos; Un caso de identidad; El misterio del valle de Boscombe; Las cinco semillas de naranja; El hombre del labio torcido; El carbunclo azul; La banda moteada; El pulgar del ingeniero; El solterón aristocrático; La diadema de berilo; Las hayas cobrizas.*

Memorias de Sherlock Holmes (1894).

Comprende: *Estrella de plata; La cara amarilla; El escribiente del corredor de bolsa; La "Gloria Scott"; El ritual de Musgrave; El rompecabezas de Reigate; El jorobado; El enfermo interno; El intérprete griego; El tratado naval; El problema final.*

La reaparición de Sherlock Holmes (1905).

Comprende: *La casa deshabitada; El constructor de Norwood; Los bailarines; El ciclista solitario; El Colegio Priory; El Negro Peter; Charles Augustus Milverton; Los seis napoleones; Los tres estudiantes; Los lentes de oro; El tres-cuartos desaparecido; La Granja Abbey; La segunda mancha.*

Su último saludo en el escenario (1917).

Comprende: *El pabellón Wisteria; La caja de cartón; El círculo rojo; Los planos del Bruce-Partington; El detective moribundo; La desaparición de lady Frances Carfax; El pie del diablo; Su último saludo en el escenario.*

El archivo de Sherlock Holmes (1927).

Comprende: *El cliente ilustre; El soldado de la piel decolorada; La piedra preciosa de Mazarino; Los tres gabletes; El vampiro de Sussex; Los tres Garridebs; El puente de Thor; El hombre que reptaba; La melena de león; La inquilina del velo; Shoscombe Old Place; El fabricante de colores retirado.*

Es claro que yo no puedo permitirme contar al lector nada en particular que se refiera directamente a la obra concreta que en este volumen se le ofrece. Sí, en cambio, me parece lícito —y hasta necesario desde un punto de vista informativo-crítico— hilvanar algunas consideraciones generales sobre el Canon holmesiano en su conjunto.

Hablaré, pues, al lector del narrador, del protagonista, de la rebelión de la criatura contra su creador, de la voracidad sadomasoquista del público lector/devorador, y de algunas notas formales del discurso holmesiano.

4.1 Del narrador

En la primera página del primer libro holmesiano, *Estudio en escarlata,* colocó Conan Doyle estas palabras: "Reimpresión de las memorias de John H. Watson, Doctor en Medicina y Oficial retirado del Cuerpo de Sanidad".

Esto significa que Doyle no sólo crea a sus personajes, sino también al narrador de las peripecias de sus personajes. Él queda en la sombra del anonimato.

Así pues, Watson es el "yo" que narra —escribe— cada una de las obras holmesianas. Todas. Bueno, todas menos una, *La melena de león,* cuyo narrador es el propio Sherlock Holmes, ya en su retiro de Sussex.

Por ser inventado, el narrador Watson se convierte en un personaje novelesco del que el inventor o creador da al lector la información que estima oportuna; en todo caso, la suficiente para que el lector tenga una idea exacta de él y no lo confunda con ninguno de los demás personajes de la ficción.

La información que el Canon holmesiano da sobre Watson se puede resumir en unos pocos párrafos que yo presento aquí al lector mínimamente adobados, por cuanto los voy a copiar de manera casi literal del canon mismo.

Físicamente se trata de "un hombre de mediana estatura, fornido, de mandíbula cuadrada, cuello grueso" y con bigotes. Sin equivocarnos, podemos considerarlo como un tipo pícnico. Así lo han hecho siempre las representaciones gráficas y cinematográficas.

Ha realizado los cursos de ingreso en el Cuerpo de médicos militares y es destinado al Quinto Regimiento de Fusileros de Northumberland, estacionado en la India, al que tarda en incorporarse a causa del estallido de la segunda guerra de Afganistán. La campaña le trae sólo "desgracias y calamidades". Destinado a las tropas de Bershire, es herido en un hombro en la batalla de Maiwand. Trasladado al hospital de Peshawar, enferma de tifus en plena convalecencia de la herida. Queda tan maltrecho, que es repatriado "con la salud malparada para siempre y nueve meses de plazo, sufragados por un gobierno paternal".

Está más solo que la una. No tiene ni parientes ni amigos: es "libre como una alondra". Llega a Londres, "sumidero enorme donde van a dar de manera fatal cuantos desocupados y haraganes contiene el imperio", y permanece algún tiempo en el hotel de Strand. Quiere cambiar de vida. Y, un buen día, se encuentra con Stamford, antiguo practicante a sus órdenes, quien le pone en contacto con Sherlock Holmes, "un tipo que está trabajando en el laboratorio de química, en el hospital", y que anda buscando compañía para compartir un pequeño apartamento recién alquilado en el 221 B de Baker Street. Así es como se conocen y unen sus destinos dos personajes en los que ya jamás nadie podrá pensar por separado.

Watson se declara perezoso en extremo, miedoso, inferior a Holmes en todo y su admirador ferviente desde el principio, aunque no dejará nunca de hacerse preguntas acerca de tan curioso compañero y amigo. Le es adicto incondicional, está a su completa disposición, le obedece ciegamente hasta el extremo de parecer con frecuencia el tonto de la familia, pero entiende que tiene que actuar así porque la experiencia le va confirmando que Holmes acierta siempre. Claro está que esta inferioridad de la personalidad de Watson es un simple recurso de Conan Doyle para que resalte más la superioridad de Holmes.

A Watson le gustan las mujeres. Se jacta de que su conocimiento de ellas "abarca muchas naciones y tres continentes". Cuando aparece alguna mujer que merece la pena en el curso de las investigaciones, se fija muy mucho en su físico. En *El signo de los cuatro* el texto nos descubre un sutil proceso de enamoramiento de la señorita Morstan por parte de Watson. Su matrimonio con ella queda insinuado en las últimas líneas de la novela.

"Muerto" Sherlock Holmes junto con el malvado profesor Moriarty en *El problema final,* Watson abre un consultorio médico en Kensington, pero, al "resucitar" Holmes, Watson vende el consultorio al joven médico Rerner y vuelve a compartir con Holmes la casa del 221 B de Baker Street. ¿Ha enviudado? "Se había enterado Holmes, yo no sé cómo, de mi triste soledad, y su simpatía hacia mí se exteriorizaba en sus maneras más que en sus palabras."

En cuanto a su tarea como narrador, baste saber que cuenta en la perspectiva de la memoria, del cariño, de la nostalgia, y teniendo delante montones de expedientes de otros tantos casos entre los que escoge los que le parecen más interesantes.

En fin, reconoce objetiva y emocionalmente su papel en el mundo holmesiano con estas palabras:

> "Holmes era un hombre de rutinas limitadas y concentradas; yo era una de esas rutinas suyas. Como institución, era yo igual que el violín, el tabaco fuerte de hebra, la vieja pipa ennegrecida, los volúmenes de índices y otras menos disculpables quizá (...) Yo era la piedra de afilar en la que se aguzaba su inteligencia. Yo le estimulaba. Le gustaba pensar en alta voz estando yo delante (...) Ése era el humilde papel mío en nuestra alianza."

4.2 Del protagonista

El protagonista es Sherlock Holmes. Su figura, su actividad, sus ideas y su personalidad están en el primer plano de todos y cada uno de los textos que, precisamente en atención a él, se llaman holmesianos.

Este hombre, que no es "el tipo de persona que a uno le gustaría tener por vecino", no dado a confidencias, de carácter rayano en la frigidez, que toca el violín sacándole suaves y melancólicos gemidos al tiempo que medita, sumamente engreído, que califica a Scotland Yard de "pelotón de torpes", que maneja la ironía de forma hiriente, que es "tan sensible al halago en lo que atañe a su arte como puede serlo cualquier muchachita respecto a su belleza física, tiene una apariencia externa capaz de llamar la atención del más casual observador. Es un tipo asténico de libro:

> "En la altura andaba antes por encima que por debajo de los seis pies, aunque la delgadez extrema exageraba considerablemente esa estatura. Los ojos eran agudos y penetrantes, salvo en los períodos de sopor, y su fina nariz de ave rapaz le daba no sé qué aire de viveza y determinación. La barbilla también, prominente y maciza, delataba en su sueño a un hombre de firmes resoluciones."

Destaca Watson en otro texto su “larga y delgada nariz” y sus “ojos, hundidos y brillantes como los de un pájaro”.

Watson, investigador también él, y, por tanto, con bien desarrollado espíritu de observación, llega, tras largos años de convivencia con Holmes, a un conocimiento notable de su amigo y compañero, y nos deja muestras de ese conocimiento, salpicadas a lo largo y ancho del canon. Pero se trata de unas muestras o notas que con frecuencia se contradicen unas a otras, razón por la que Holmes es siempre una extraña paradoja y un misterio para Watson y, en consecuencia, para todo lector, que se ve en la precisión de hacer de su lectura una actividad detectivesca sobre el detective mismo.

El primer detalle es el relativo a su origen y familia. Escribe Watson:

> “En todo el tiempo que duraron mis largas e íntimas relaciones con Sherlock Holmes no le oí nunca hacer referencia a parientes suyos y muy rara vez a los primeros años de su vida.”

Pero luego resulta que tiene un hermano, Mycroft, que ocupa un alto cargo en la Administración y con el que está en contacto casi permanente, para el que trabaja, y del que recibe información importantísima.

Con la intención de ofrecer a mi lector un retrato, bien que paradójico y contradictorio, de nuestro héroe, ordenaré las muestras que Watson nos da, en cuatro apartados significativos: aspecto intelectual, aspecto psicológico, aspecto físico y humano, aspecto profesional. Podrían llamarse las cuatro caras de Sherlock Holmes. Pero no olvide el lector su talante paradójico y contradictorio, porque el personaje, indudablemente, lo es.

El *aspecto intelectual* de Holmes es investigado por Watson como si se tratara de un misterio que hay que desvelar. Observa y toma notas. Una de las más importantes, con ser muy de los primeros tiempos, es ésta:

"SHERLOCK HOLMES; sus límites.

1. Conocimientos de Literatura: ninguno. 2. Conocimientos de Filosofía: ninguno. 3. Conocimientos de Astronomía: ninguno. 4. Conocimientos de Política: escasos. 5. Conocimientos de Botánica: desiguales. Al día en lo que atañe a la belladona, el opio y los venenos en general. Nulos en lo referente a la jardinería. 6. Conocimientos de Geología: prácticos aunque restringidos. De una ojeada distingue un suelo geológico de otro. Después de un paseo me ha enseñado las manchas de barro en sus pantalones y ha sabido decirme, por la consistencia y color de la tierra, a qué parte de Londres correspondía cada una. 7. Conocimientos de Química: profundos. 8. Conocimientos de Anatomía: exactos, pero poco sistemáticos. 9. Conocimientos de literatura sensacionalista: inmensos. Parece conocer todos los detalles de cada hecho macabro acaecido en nuestro siglo. 10. Toca bien el violín. 11. Experto boxeador y esgrimista de palo y espada. 12. Familiarizado con los aspectos de la ley inglesa."

Como parece lógico, Watson no sabe responderse a la pregunta sobre cuál sería la profesión más adecuada para un hombre dotado de manera semejante, por lo que el misterio continúa. Ve, por su parte, que es persona de ideas un tanto peculiares; que las líneas maestras de sus estudios son extremadamente dispares y excéntricas; que tiene un acopio tal y tan desusado de conocimientos, que no pocos de sus profesores quedarían atónitos; que vive una auténtica pasión por el conocimiento detallado y preciso; que, por él, y para él, trabaja de manera celosa y escrupulosamente sistemática, aunque es indiferente a los títulos académicos. Por otra parte, lo encuentra ignorante de cosas que todo el mundo sabe, y empeñado en no adentrarse en conocimiento alguno que no afecte directamente a su trabajo.

Holmes entendía su trabajo como un arte y el trabajo intelectual era para él una necesidad vital, y así lo reconoce: "No puedo vivir sin hacer trabajar a mi cerebro".

Su *aspecto psicológico* no es menos paradójico que el

intelectual. Simple unas veces y complejo otras, sus manifestaciones, tomadas en conjunto, están empapadas de contradicción, aunque no todas.

Su temperamento es básicamente frío y distante. Watson afirma que no es hombre de fácil convivencia, que sus maneras son suaves y espontáneamente corteses, sus hábitos regulares, y que es madrugador (aunque otras veces dice que "era persona que se levantaba tarde por regla general"). Afirma también que es orgulloso, vanidoso y egoísta, y que pasa de unos estados de ánimo dominados por el entusiasmo, el interés y hasta la alegría, a otros del más negro abatimiento y de la abulia más absoluta, durante los cuales permanece mudo, tirado en el sofá, días y días. Evidentemente, es un ciclotímico.

Está dominado por un altísimo sentido de su propia superioridad en la profesión. De aquí nace su insensibilidad, su impasibilidad, característica que era fruto no de una robotización, sino de "la capacidad para ocultar sus emociones".

Un rasgo suyo especialmente llamativo es la misoginia. Su actitud despectiva hacia las mujeres parece, en principio, obedecer a razones profesionales, ya que afirma que "las facultades emotivas son adversarias del razonar sereno". Pero, luego, se manifiesta más radical: "Nunca –dice– se debe confiar uno por completo a las mujeres... ni siquiera a la mejor de ellas". A pesar de lo cual, Holmes nunca dejaba de ser cortés.

Respecto al *aspecto físico y humano,* añadiré algunos detalles a los ya expuestos en su presentación. Son los referentes a la rutina de su vida, al aseo, a su gusto por los disfraces, a pequeños objetos ya incorporados a su figura mítica, y a sus aficiones más cultivadas.

La vida profesional de Holmes está volcada totalmente en su peculiar oficio de "detective asesor" o "sabueso *amateur*". Su lugar de espera y de acción preferente es la salita de estar del 221 B de Baker Street. A ella vienen los clientes, "atiendo a su relato, doy mi opinión y presento la minuta”. Es, pues, esencialmente, un detective de gabinete. Su ideal es solucionar los casos “sin salir de la habitación”, aunque en los más complicados se pone en movimiento y echa “alguna que otra ojeada”.

Evidentemente, su trabajo depende de la clientela. Cuando ésta escasea, Holmes se desanima y cae en el tedio y abulia de los aludidos estados depresivos. En esos momentos se ovilla en el sofá, fuma sin cesar, se inyecta cocaína y toca lánguidamente el violín. Él necesita acción. Llega incluso a afirmar que no se cometen en Londres crímenes que merezcan la pena. Los “casos” le salvan del aburrimiento vital. Por eso rehúsa cualquier investigación que no tienda “hacia lo insólito e incluso lo fantástico”, y es precisamente “cuando ya no sabe qué hacer, cuando su energía y agilidad mental resultan más admirables”.

Es curioso enterarse de que, siendo un hombre que rara vez hace ejercicio físico por el mero placer de hacerlo, pocos son capaces de un esfuerzo muscular mayor.

Menos curioso parece enterarse de que “su régimen de comidas era de ordinario de lo más sobrio, y sus costumbres llegaban en su sencillez hasta el borde de la austeridad”. Esta peculiaridad se acentúa en momentos de mayor tensión, durante los cuales no toma alimento alguno.

Llega Watson a decir que, salvo que de cuando en cuando recurría a la cocaína —y sabemos lo que se esforzó él por apartarle, con toda suerte de argumentos, médicos también, de esta costumbre—, “Holmes no tenía vicios, y si echaba mano de esa droga era como protesta contra la monotonía de la vida, cuando escaseaban los asuntos y cuando los periódicos no ofrecían interés”.

Pero hay un texto imprescindible para todo el que quiera conocer a Sherlock Holmes. Lo escribió Watson —claro está—, y dice así:

> “El increíble desaseo de Holmes, su consagrarse a la música en las horas más extrañas, su practicar de cuando en

cuando el tiro de revólver dentro de casa, sus experimentos científicos raros y, muchas veces, malolientes, y el ambiente de violencia y peligro en que vivía envuelto, hacían de Holmes el peor huésped de todo Londres."

El lector podrá pensar que Sherlock Holmes estaba como una cabra. Y acierta. Porque estaba, literariamente, como Don Quijote. El paralelismo entre estos dos personajes de ficción es evidente y su comparación muy sencilla, aunque aquí no se haga por razones de espacio.

En la obra probablemente más acabada del Canon holmesiano afirma nuestro héroe: "La primera cualidad que ha de tener un investigador criminal es la de poder ver a través de un disfraz". Se refiere, evidentemente, a disfraces de los demás. Pero Holmes tenía toda una colección de ellos, preparados para ser usados por él en el momento oportuno. Es claro que tan sólo un investigador criminal podría reconocerle. Pero él era el mejor. Así que tan sólo es descubierto cuando él mismo quiere y del modo que él quiere.

En cuanto a los objetos o instrumentos ya incorporados a su figura, baste recordarlos: la cinta métrica, la lupa y la pipa. Aparte están los recortes de periódicos, embutidos en archivadores alfabetizados..., y el violín amigo de sus ratos de tedio, de concentración y de evasión.

Sus aficiones más cultivadas son la música (en privado o en concierto), algunos campos de las ciencias históricas y experimentales, y, ya retirado a Sussex, la filosofía y la apicultura. Pero bien entendido que estas aficiones tienen un carácter marginal respecto a su actividad detectivesca.

Lo dicho hasta aquí nos lleva al *aspecto profesional* de esta figura, más única que rara. Recuerde el lector que Sherlock Holmes es un detective privado que trabaja por amor al detectivismo entendido como arte, por amor a la legalidad (al Bien), y por amor al dinero.

Holmes está convencido de que "basta que un funcionario parezca serlo para que la gente se llene de reserva".

Por lo tanto, no hay que parecer funcionario, y, mejor, no hay que serlo. La conclusión es clara: si alguien quiere dedicarse a salvaguardar la legalidad, la justicia y el bien, hágalo por libre, es decir, de forma privada. Es lo que hace Holmes, dotándose a sí mismo de unos puntos teórico-prácticos básicos que, formulados en primera persona, serían éstos: *1)* Soy el único detective privado que tiene abierta consulta. *2)* Soy el más alto tribunal de apelación. *3)* Soy el mejor, y los mejores me traen a mí sus casos más difíciles. *4)* Soy experto y especialista, doy mi opinión de experto y especialista, y cobro por ello. *5)* No reclamo ninguna gloria para mí; quédese la Policía con ella. *6)* Mi recompensa más elevada es el trabajo mismo, el placer de encontrar campo en el que ejercitar mis especialísimas cualidades.

Watson asegura que las ideas de Holmes sobre arte "eran de lo más imperfectas". Pero en ocasiones nos lo presenta hablando de pintura como un auténtico entendido. Ello indica, además del atribuido talante paradójico-contradictorio de la personalidad de Holmes, que Watson se refiere a un concepto tradicionalmente convenido de arte según reglas, mientras que Holmes lo hace refiriéndose a la deducción organizada artísticamente de acuerdo con la preceptiva que él mismo va urdiendo.

Con lo expuesto, puede el lector acercarse objetivamente a los dos personajes —creados por Conan Doyle con la intención clara de que ambos sean entendidos como una identidad indesgajable—, a saber, Sherlock Holmes, Quijote en lucha contra el crimen, y Watson, fidelísimo escudero suyo y notario puntual de cada una de las aventuras holmesianas.

4.3 Doyle contra Holmes

Una mínima ordenación de los hechos nos facilitará el conocimiento, aunque no sé si la comprensión, de este festivo problema. Doyle se aburre en su consultorio vacío. Escribe. *Estudio en escarlata.* No tiene éxito de crítica ni de lectores. Pero ha engendrado —hijos del aburrimiento— a dos personajes que vivirán más que él. Los editores Ward, Lock and Co., de Londres, se asocian con J. B. Lippincot de Filadelfia para publicar en Europa y Estados Unidos simultáneamente una revista, el *Lippincot Magazine*. Lippincot ha leído *Estudio en escarlata*. Ve las posibilidades económico-editoriales de su género narrativo. Viaja a Londres, se entrevista con Doyle, y le pide una novela para su *Magazine*. Doyle escribe *El signo de los cuatro,* que ve la luz por entregas en el *Magazine* en febrero de 1890. Dos meses más tarde aparece en forma de libro a costa del editor Spencer Blackett. Esta obra compensa económicamente a Doyle más que la primera, pero los críticos siguen en su ciega opinión respecto a la literatura detectivesca como propia de paladares estragados. Tampoco tiene éxito.

Doyle continúa en la encrucijada: ¿escritor o médico? Parece decidirse por lo segundo. En 1890 se traslada a Viena para especializarse en oftalmología: será oculista. Regresa a Londres y se instala como tal en un céntrico barrio, abandonando su consultorio de Southsea.

Pero la nueva consulta no corre mejor suerte. Y es allí, en la consulta vacía, y viendo deshilarse la niebla o caer la lluvia a través de los cristales, donde surgen ante los ojos nublados por el tedio del oculista sin clientes las imágenes de sus dos criaturas.

Se siente consolado por su presencia y toma una decisión histórica: mantener esa presencia y dotarle de nueva y prolongada vida. Escribe. De momento, narraciones holmesianas cortas. En la primavera y verano de 1891, seis aventuras que su representante comercial ofrece al *Strand Magazine* y que éste acepta, a treinta y cinco libras cada una, sin pérdida de los derechos de autor. La primera aventura, *Un escándalo en Bohemia,* aparece en el número de *Strand* correspondiente a julio de 1891. Bastan dos aventuras más para que Doyle dé el salto a la fama, convirtiéndose de golpe en un escritor popular. Esta popularidad no le agrada, puesto que, como queda dicho páginas atrás, él se cree llamado a las cimas literarias de la novela histórica. Cultivar el género detectivesco le parece ocupación indigna. Pero... la realidad se impone; de dos maneras: la fascinación del personaje sobre el autor, y la urgencia del editor pidiendo, porque los lectores las exigen, nuevas aventuras holmesianas. Doyle se niega, sordo a todo requerimiento. Queriendo y creyendo zanjar la cuestión, pide al obstinado editor la desorbitada cantidad de cincuenta libras por aventura, larga o corta. Doyle no sabía qué es un editor perseverante ni un público voraz. El editor acepta.

Y ahí tenemos a Conan Doyle escribiendo otras cinco aventuras. Cuando falta una para la docena, no aguanta más: está hasta las narices de Sherlock Holmes y quiere acabar con él. Así se lo comunica a su madre, que, como se dijo en su momento, conservó una autoridad nunca discutida, incluso en los problemas literarios de su hijo. La respuesta materna es taxativa: que siga escribiendo. Y hasta le da la idea para la aventura número doce. Doyle queda pasmado porque se da cuenta de que también su madre es ya una adicta de Holmes. Y su madre no es persona de paladar estragado. Obedece, pues... Verdad es que, sólo así, al amparo económico que le ofrece Holmes, puede Doyle escribir las obras que le gusta escribir. Pero nadie se acordaría hoy de ellas a no ser por su detestado detective. La madre acertó.

Arthur se ha olvidado ya de su consulta médica y de su especialidad oftalmológica. Parece que el auténtico especialista ocular va a ser Sherlock Holmes, en las "pequeñas ojeadas" de su actividad detectivesca. Los estudiosos insisten en que Doyle no podía tolerar a Holmes. Para mí, sin embargo, Doyle no podía vivir sin él.

Doyle residía en un chalé cerca de Londres, lejos de toda angustia económica, acordándose de la Medicina tan sólo por patriotismo en ocasiones muy concretas, y pudiendo, por fin, escribir sus deseadas novelas históricas, sus dramas y sus revistas teatrales. Y la gallina de los huevos de oro era Sherlock Holmes...

La voracidad de los lectores, la tozudez de los agentes

comerciales y la elevada apuesta de los editores, muy en especial de Strand, le asediaban. Cobrar mil libras por doce aventuras era convertirse en el escritor mejor pagado de Inglaterra.

En las *Memorias de Sherlock Holmes* se encuentran algunas de las mejores piezas literarias de Doyle. Como de nada había servido desprestigiar a su personaje diciendo que era una mala caricatura de un profesor que había tenido en Edimburgo; como nadie le creyó cuando dijo que odiaba a Holmes, tomó la decisión de acabar con él. Y así lo hizo en el barranco de Reichenbach en *El problema final,* última de las aventuras de *Las memorias.*

Pero ¿a qué fue debido éxito tan fulgurante, clamoroso y exigente? Parece que a estas cuatro razones, entre otras: *1ª)* Conan Doyle era un escritor de cuerpo entero y poseía, en consecuencia, la cualidad básica del buen narrador, que no es otra que la de saber contar una historia, lo que significa, desde otra perspectiva, meterse al lector en el bolsillo, enganchar su interés, y mantenerlo enganchado de principio a fin. *2ª)* Doyle acertó plenamente adoptando la fórmula de narración breve o novela corta para las aventuras de Sherlock Holmes. Desde este punto de vista, las cuatro narraciones más largas no lo son excesivamente y, además, funciona en ellas el mismo esquema básico que en las narraciones breves. *3ª)* Una razón externa de peso fue la fundación en Londres del *Strand Magazine,* que superó, casi de inmediato, a las demás revistas en calidad y popularidad. Fue el altavoz eficaz de la obra holmesiana. *4ª)* Algunos han señalado otra razón, estrictamente extraliteraria pero netamente pragmática: el acierto de Doyle al poner en manos de un experto agente comercial los aspectos económicos de su producción literaria.

Así pues, Sherlock Holmes había muerto, despeñado, en lucha cuerpo a cuerpo con el malvado profesor Moriarty. Doyle pareció descansar, finalmente, de la pesadilla que suponía para él la vida y la fama de aquel hijo respondón. Pero los lectores no estaban de acuerdo y seguían pidiendo aventuras holmesianas. Los editores, por su parte, pedían lo mismo, ofreciendo a Doyle cantidades astronómicas. Doyle se mantuvo "oficialmente" en sus trece, resistiendo durante diez años. En 1905 "resucitó" a su héroe en *La reaparición de Sherlock Holmes.* Allí se explica que Holmes no murió despeñado, que se salvó, librándose de Moriarty con un golpe de *baritsu* y que, tras múltiples peripecias durante tres años por Tíbet, Persia, La Meca y Francia, recaló en Londres.

He escrito "oficialmente", debido a que en 1901 Doyle ha empezado a publicar en el *Strand Magazine* entregas de una magnífica novela holmesiana –la mejor de todas las obras del canon, según opinión unánime de críticos y de lectores–, titulada *El sabueso de los Baskerville,* que aparecerá en libro en 1902. Como Holmes lleva muerto ocho años, se da por supuesto que el texto estaba escrito antes de 1894. Y aquí es donde apoyo mi idea, contraria a la tradicionalmente admitida enemistad entre Doyle y Holmes. *El sabueso de los Baskerville* es una prueba definitiva de que no podían pasar el uno sin el otro.

Con la resurrección del héroe, el público lector quedó satisfecho y dispensó a Holmes la acogida prevista.

4.4 Del discurso holmesiano

Con la expresión "discurso holmesiano" quiero significar el modo peculiar de ordenación de los materiales lingüísticos que Conan Doyle creyó oportuno emplear en la confección o escritura de las obras que integran el canon. Como el lector comprende, este apartado podría llenar decenas de páginas. No va a ser así. Entre otras razones, todas evidentes, por una muy especial. Ésta: si el estilo detectivesco tiene, desde la perspectiva del lector, una característica absolutamente necesaria, a la que solemos llamar *suspense,* no estoy yo autorizado para quebrar éste desvelando aquélla. Más: el lector, al que se supone siempre inteligente, se habrá percatado de que mi propia escritura es herméticamente cerrada –detectivesca–, por lo que queda a su cargo averiguar, investigar, localizar e identificar las citas explícitas o implícitas sobre las cuales he ido tejiendo esta introducción a la lectura.

Así pues, me reduciré a señalar cuatro notas del discurso holmesiano, a saber: el esquema constante, la dialéctica detective/criminal, la deducción y la axiomática holmesiana.

4.4.1 El esquema constante

Imagine el lector a Sherlock Holmes, tal y como nos lo presenta Watson –es decir, el narrador fingido por Conan Doyle–, en la salita del 221 B de Baker Street, a la espera, o, mejor, "al acecho". Pronto, si las cosas se dan bien, llegará una visita o un mensaje. Ahí empieza el "caso" que Holmes tiene que solucionar, si es que le interesa. Desde siempre se han resumido las partes de un texto o discurso literario en estas tres: *exposición, nudo* y *desenlace.* Pues bien: éste es el esquema que funciona de manera constante en la narración holmesiana. El visitante *expone* el caso a Holmes. El *nudo* del caso es la investigación que Holmes realiza. A veces, la solución o *desenlace* llega sin necesidad de salir del gabinete de Baker Street, es decir, Holmes, valiéndose de su inimitable y consumada técnica deductiva, da la solución exacta del caso sin moverse de su sillón. Otras veces, sale a la calle, se persona en el lugar del hecho y entra en acción, "echando alguna que otra ojeada", es decir, buscando y examinando concienzudamente todas las pistas que luego someterá a concentrada meditación, siempre por medio de la inducción. Y, así, llega el *desenlace,* casi siempre inesperado para Watson, y siempre inesperado para el lector. La narración concluye con un diálogo, o monólogo, según, en el que Holmes explica al pasmado Watson –y, por tanto, al lector– cómo ha realizado el proceso de deducción.

Este esquema constante es adornado o sazonado de forma peculiar en cada caso. Pero nunca faltan dos ingredientes: la actitud alerta de Holmes escuchando, y su personal manera de entrar en acción en el lugar de autos.

Para escuchar, Holmes se coloca en una postura cómoda y tensa a un tiempo, junta las yemas de los dedos y permanece callado, con la cabeza echada hacia atrás y los ojos cerrados, en actitud que a quien no le conociera podría parecer de indiferencia, pero que, según Watson, era señal de la más intensa concentración mental. Cuando el relato que está escuchando se torna difícil y, por tanto, extraño e inexplicable, Holmes abre los ojos, se frota las manos, se yergue en su asiento, y hace otros gestos por el estilo que indican, a juicio de Watson, que ese problema es de los que le gustan.

Cuando es necesario salir, moverse, viajar, ir al lugar de los hechos, investigar sobre el terreno, Holmes monta un número espectacular que Watson gusta de describirnos con cierta morosidad. Comienza Holmes a actuar con aire negligente, afectado, despacioso, lanzando miradas un tanto ausente. Cuanto más imposible de solucionar parece el caso, más aliciente presenta, porque Holmes sabe que no hay nada nuevo bajo el sol y que cada acto o cada cosa tiene su precedente en el pasado, que él conoce con pelos y señales, por lo que su empeño se centra en descubrir los puntos de contacto del caso en estudio con ese pasado. Por ello, usa todo su poder de observación y examina toda huella, toda pista, todo resto, todo rastro... que, de ordinario, nadie ve excepto él, y sobre los que monta una primera teoría o hipótesis que no comunica a nadie, con gran pesar y amargura para el paciente Watson...

4.4.2 La dialéctica detective/criminal

De Quincey creyó que el asesinato es una de las bellas artes. Holmes cree que el detectivismo es un arte. Estas dos opiniones marcan el punto de partida y el punto de llegada de la narración policíaca y detectivesca. Hay una actividad plenamente artística –al menos en la intención, "crimen perfecto"– y una actividad, también artística, cuyo objetivo consiste en poner de manifiesto que el crimen perfecto no existe, o, lo que es lo mismo, que el arte del detectivismo supera, en cuanto tal, al arte de la criminalidad.

Quedan, pues, frente a frente, dos sujetos en lucha textual: criminal y detective. Fíjese el lector que no se trata de sujetos físicos. Se trata de sujetos funcionales que a nivel de texto pueden adquirir la identidad y consistencia físicas que el escritor estime oportuno. Fíjese también que se necesitan el uno al otro, es decir, que si uno falta el sistema textual no funciona, y ello, justamente por tratarse de dos funciones que hay que poner en relación, cosa imposible de hacer si una de las dos falta. Así pues, ni el detective tiene razón de ser sin el criminal, ni el criminal la tiene sin el detective.

No quiero insistir más. Esta dialéctica es el eje sobre el que gira el texto policíaco-detectivesco. También el holmesiano. Entiéndase. El *detective* es el elemento –aspecto– central "positivo" de la narración detectivesca. El *criminal* es el elemento –aspecto– "negativo". De uno a otro salta la chispa que pone en marcha una dialéctica –o, lo que es lo mismo, una lucha, un diálogo práctico agresivo– entre ambos. Esa dialéctica es, en definitiva, un reto, un desafío, un duelo, desde posiciones enfrentadas, porque hay –como en los juegos– una raya que divide los campos. Depende del enfoque o punto de mira que se adopte el decidir quién está dentro y quién está fuera. El detective piensa –y actúa en consecuencia– que el criminal está fuera (de *su* legalidad). Pero el criminal piensa que es el detective quien está fuera (de *su* legalidad). La dialéctica es, pues, acerada. Evidentemente, en la narración tradicional el detective siempre gana, con lo que se demuestra que el crimen nunca es rentable y que el detective es siempre "el bueno" y el criminal siempre "el malo".

4.4.3 Sobre la deducción

¿Por qué Sherlock Holmes gana siempre? Al lector puede parecerle normal que ocurra así, e incluso que no pueda ocurrir lo contrario. Este curioso fenómeno indica que el lector se asocia, más, se identifica con el detective y entra con él en la dialéctica descrita líneas atrás, esperando que el criminal pierda —¡porque es malo!— y alegrándose cuando esto ocurre. También indica que el lector sabe de antemano, desde el principio, que el detective va a ganar. Lo que no sabe es *cómo* va a ganar. De ahí que puedan coexistir a un tiempo la certeza del desenlace feliz y la incertidumbre acerca del proceso que fuerza la felicidad del desenlace.

Que gane Sherlock Holmes, pues, es lógico. Esta es la palabra: *lógico*. Pero ¿de qué lógica se trata? Ésta es la cuestión.

En el texto holmesiano se llama *deducción* a este tipo de lógica. Se entiende, en general, que la "deducción" es la operación mental de sacar consecuencias de un principio, proposición o supuesto. Pero, exactamente, la deducción hace referencia al método que procede de lo universal a lo particular, es decir, supone una teoría general de la que se derivan (se deducen) lógicamente explicaciones particulares. La "inducción" es el método inverso, a saber, aquel que procede de lo particular a lo general.

La lógica holmesiana ¿es deductiva o inductiva? Hay pasajes en el canon que afirman lo primero y pasajes que afirman lo segundo. A mi juicio, se trata de una lógica inductivo-deductiva, es decir, dialéctica.

No es difícil darse cuenta de que cada caso es un texto, un tejido fragmentado. Tarea del detective es recomponerlo, restaurarlo, descodificarlo y leerlo, es decir, interpretarlo. Para ello precisa limpiarlo de todos los elementos impertinentes.

Holmes es ejemplo eminente de detective. Su actividad, en cuanto lúdica, se convierte necesariamente, a la hora del lector, es espectáculo. En este supuesto, el lector es o un simple espectador más, o un contrincante de Holmes. Y entonces funciona el modelo de "partidas simultáneas" de ajedrez. Holmes juega. Solo, contra Watson y contra todos los contrincantes voluntarios. Estamos ante un juego de salón, el juego del gran espectáculo lógico-mental. Holmes gana todas las partidas. De nuevo, ¿por qué? Sencillamente, porque la lógica depende de la información, y Holmes tiene toda la información. En consecuencia, la lógica es objetiva sólo para él; es decir, es subjetiva. Por tanto, tiene la capacidad de hacer que las partidas discurran por donde él quiere. Juega con ventaja. Gana siempre y a todos. Más: es imposible ganarle ni una sola partida –si no se deja– porque la lógica objetivo-subjetiva que maneja es caprichosa, es decir, depende de su capricho el soltar más o menos información. De este modo, Holmes no sólo gana siempre, no sólo es imposible ganarle, sino que se burla del contrario, provoca su sorpresa admirativa, hace del espectáculo una sesión de fino humor.

5. BIEN ESTÁ LO QUE BIEN ACABA

Confío, lector, en que estas páginas mías te acerquen un poco más al misterio fascinante del Canon holmesiano, sin por ello levantarte ni un tantico así las puntas que velan su fascinación secreta.

Zambúllete en la llamada nebulosa de estos textos. Déjate arrebatar tu realidad por la suya. Evádete.

Gozarás el placer, siempre antiguo y siempre nuevo, de la lectura inteligente. Dirás: "Bien está lo que bien acaba..., pero ¡lástima que tan pronto acabe!"

Francisco Martínez García
Profesor Titular de Crítica literaria de la Universidad de León.

El inicio de esta novela lo debo
a mi amigo Fletcher Robinson, que
me ha ayudado tanto en el argumento
como en la descripción local.

ARTHUR CONAN DOYLE

I

SHERLOCK HOLMES

Sherlock Holmes, que habitualmente se levantaba muy tarde por las mañanas (exceptuando en aquellas ocasiones, bastante frecuentes, en que no llegaba a acostarse), se encontraba sentado a la mesa tomando su desayuno.

Yo estaba de pie delante de la chimenea y cogí el bastón que nuestro visitante se había dejado la noche anterior. Era un bello y grueso palo de madera, con una gran empuñadura, de ese género que se conoce como *persuasor.* Justamente debajo del puño había una ancha cinta de plata, de casi una pulgada y que tenía grabadas las siguientes palabras. "Para Jaime Mortimer, M.R.C.S., de sus amigos de CCH", además de la fecha, "1884". Era justamente el tipo de bastón que solían utilizar los antiguos médicos de cabecera –digno, robusto y respetable.

–Bien, Watson. ¿Qué piensa usted de ese bastón?

Holmes estaba sentado dándome la espalda, no existiendo por mi parte ninguna señal que pudiera darle a conocer en qué me encontraba ocupado.

–¿Cómo sabe usted lo que estoy haciendo? ¿Será que tiene ojos en el cogote?

–Tengo, por lo menos, una cafetera de plata bruñida delante de mí –contestó–. Pero, dígame, Watson, ¿qué es lo que piensa del bastón de nuestro visitante? Ya que hemos tenido la mala suerte de no encontrarle, y al no tener ninguna idea sobre el asunto que le trae, este casual olvido se vuelve bastante importante. Me gustaría escuchar su reconstrucción del personaje mediante el examen del bastón.

—Creo —dije yo, siguiendo en todo lo que pude las técnicas de mi compañero— que el doctor, Mortimer es un médico algo mayor, muy estimado, ya que aquellos que le brindan su amistad además le hacen este regalo como prueba de su aprecio.

—¡Muy bien! —dijo Holmes—. ¡Excelente!

—Además, creo que existen muchas probabilidades de que se trate de un médico de pueblo que hace la mayor parte de sus visitas caminando.

—¿Y eso por qué?

—Porque su bastón, aunque de nuevo fuera muy hermoso, se encuentra tan deteriorado que se me hace difícil suponer que un médico de ciudad lo llevara. La fuerte punta de hierro está desgastada, lo cual prueba que ha caminado mucho con él.

—Eso es perfecto —dijo Holmes.

—Además, está lo de "amigos de CCH" y debo creer que se trata de algo de cazadores, el grupo local a cuyos miembros prestó algún servicio quirúrgico y que para agradecérselo le han regalado este objeto.

—La verdad, Watson, es que se está usted excediendo —dijo Holmes, empujando su silla hacia atrás y encendiendo un cigarrillo—. Tengo el deber de decir que en todos los escritos que ha tenido usted la amabilidad de dedicar a mis pequeños logros, habitualmente ha omitido su habilidad. Puede que usted no sea por sí mismo luminoso, pero sí que es un conductor de luz. Algunas personas, sin poseer ingenio, tienen un notable poder de estimulación. Confieso, mi querido amigo, que le debo muchísimo.

Nunca había dicho tanto hasta entonces y tengo que admitir que sus palabras me hicieron sentir un grato placer, ya que muchas veces me había enojado su indiferencia hacia mi admiración y ante los intentos que yo había hecho para divulgar sus métodos. También me sentía orgulloso de pensar que había dominado tanto su sistema como para aplicarlo de un modo que mereciera su aprobación.

En ese momento cogió el bastón de mis manos y lo examinó durante unos minutos a simple vista. Luego, con un aire de inquietud, dejó el cigarrillo en el cenicero y, acercándose con el bastón hacia la ventana, lo volvió a examinar con un lente.

—Es curioso, aunque sea elemental —dijo al volver a su rincón favorito del canapé—. Seguramente en el bastón habrá uno o dos indicios. Nos proporcionarán la base para varias deducciones.

—¿Hay algo que se me haya escapado? —pregunté, otorgándome alguna importancia—. Espero que no habrá nada importante que me haya pasado inadvertido. ¿O sí?

—Me temo, mi querido Watson, que la mayoría de sus conclusiones estaban equivocadas. Cuando dije que usted me estimulaba, quise decir, para ser sincero, que ninguna de sus falacias ha conseguido conducirme hacia la verdad. No es que en este caso usted esté completamente equivocado. Es seguro que nuestro hombre es un médico rural. Y que camina mucho.

—Entonces yo estaba en lo cierto.

—Hasta ese punto, sí que lo estaba.

—Pues, entonces, es todo.

—No, no, mi querido Watson, no es todo, de ningún modo. Yo sugeriría, por ejemplo, que un regalo a un médico tiene más probabilidades de venir de un hospital que de un grupo de cazadores, y que cuando las iniciales CC vienen antes de la H de hospital, lo más natural es que se deduzcan sin más las palabras "Charing Cross".

—Puede que esté en lo cierto.

—Las probabilidades siguen en esa dirección. Y si elegimos esta hipótesis para trabajar tenemos una nueva base a partir de la cual podremos reconstruir a este visitante desconocido.

—Bien, supongamos entonces que "CCH" significa "Charing Cross Hospital", ¿qué otras conclusiones sacaremos?

—¿No le viene ninguna idea? Usted ya conoce mis métodos. Es cuestión de aplicarlos.

—Solamente se me ocurre una conclusión evidente y es que nuestro hombre ha ejercido en la ciudad antes de irse al pueblo.

—Creo que podremos avanzar un poco más. Véalo bajo este prisma: ¿cuándo sería más probable que se hiciera este regalo? ¿cuándo su grupo de amigos le otorgaría una prueba de buena voluntad? Evidentemente, sería cuando el doctor Mortimer abandonara el servicio en el hospital para empezar a dedicarse a su propia consulta. Sabemos que hubo un regalo. Creemos que existió un cambio de un hospital de la ciudad a una consulta de provincias. Luego, ¿arriesgamos demasiado nuestras deducciones si decimos que el regalo tuvo lugar con motivo del traslado?

—No hay duda de que parece ser probable.

—Ahora, usted observará que nunca pudo pertenecer a la plantilla del hospital, puesto que solamente un hombre con una buena clientela en la ciudad podría tener dicho cargo y quien estuviera en esas condiciones no se marcharía a provincias. Entonces, ¿qué era él? Si estaba en el hospital pero aún no pertenecía a la plantilla, solamente podría ser cirujano o médico interno, poco más que un estudiante en prácticas. Y lo dejó hace cinco años; la fecha viene en el bastón. Por eso, su respetable médico de cabecera de mediana edad cae por la base, mi

querido Watson, y surge un joven de menos de treinta años, afable, sin ambiciones, despistado y propietario de un perro favorito, que yo describiría, *grosso modo,* como mayor que un terrier y más pequeño que un mastín.

Me puse a reir de incredulidad mientras Sherlock Holmes se recostaba en su canapé y despedía hacia el techo pequeños anillos de humo de su cigarrillo.

—Por lo que se refiere a la última parte, no dispongo de medios para contrariarle —dije yo—, pero, asimismo, no es difícil descubrir algunos detalles sobre la edad y la carrera profesional de nuestro hombre.

De mi pequeña estantería de medicina saqué el *Listín de médicos* y busqué el nombre. Figuraban varios Mortimer, pero solamente uno podía ser nuestro visitante. Leí sus datos en voz alta:

—Mortimer, James, MRCS, 1882, Grimpen, Darmoor, Devon. Cirujano interno de 1882 a 1884 en el hospital de Charing Cross. Ganador del Premio Jackson de Patología Comparativa, con la tesis titulada *¿Es la enfermedad una reversión?* Miembro corresponsal de la Sociedad Sueca de Patología. Autor de "Algunos fenómenos de atavismo" (*Lancet,* 1882), y "¿Progresamos?" (*Revista de Psicología,* marzo de 1883). Médico oficial de las parroquias de Grimpen, Thorsley y High Barrow.

—No se menciona ese grupo local, Watson —dijo Holmes con una sonrisa llena de malicia—, sino a un médico rural, lo cual usted observó con gran astucia. Creo que mis deducciones están bastante justificadas. En cuanto a los adjetivos, dije, si mal no recuerdo, afable, sin ambiciones y despistado. Según mi experiencia, en este mundo solamente un hombre afable recibe regalos, solamente un hombre sin ambiciones abandona una carrera en Londres por las provincias, y solamente un despistado deja su bastón en lugar de su tarjeta de visita después de haber aguardado durante una hora en nuestro salón.

—¿Y qué me dice del perro?

—Ha estado acostumbrado a llevar en su boca este bastón, siguiendo a su amo. Al ser un bastón pesado, el perro lo sujetaba firmemente por el centro, y las marcas de sus dientes están bien visibles. La mandíbula del perro, como lo muestra el espacio entre estas marcas, a mi juicio es demasiado ancha para ser la de un terrier y no es demasiado ancha para ser de un mastín. Podría haber sido —sí, claro— de un sabueso de pelo rizado.

Se había levantado y, a medida que hablaba, paseaba por el aposento. Luego, se detuvo junto a la ventana. Había tanta convicción en su tono de voz, que le miré con cierta sorpresa.

—Mi querido amigo, ¿cómo puede estar tan seguro de eso?

—Por la muy sencilla razón de que estoy viendo el perro a la puerta de casa y lleva el collar de su propietario. No se mueva, se lo ruego, Watson. Es su compañero de profesión y su presencia me puede ser de gran ayuda.Ha llegado el momento dramático del destino, Watson, cuando se escuchan en la escalera los pasos de alguien que entra en su vida y no sabe si es para bien o para mal. ¿Qué pretenderá el doctor James Mortimer, el científico, de Sherlock Holmes, el especialista del crimen? ¡Pase!

La aparición de nuestro visitante fue para mí una sorpresa, ya que esperaba ver al típico médico rural. Era un hombre muy alto, delgado, con una larga nariz, como un pico que sobresalía entre dos penetrantes ojos grises, muy juntos y que brillaban detrás de unas gafas con montura de oro. Vestía como lo suelen hacer los de su profesión, pero más bien de modo descuidado, ya que su levita estaba deslucida y los pantalones deshilachados. Aunque era aún joven, su espalda ya estaba encurvada y caminaba con un movimiento hacia delante de la cabeza y un aire benévolo. Al entrar, sus ojos se dirigieron al bastón que Holmes tenía en la mano y corrió hacia él con una exclamación de júbilo.

—Cuánto me alegro —dijo—. No estaba seguro de dónde lo había dejado, si aquí o en la oficina de navegación. Por nada del mundo desearía perder este bastón.

—Un regalo, ya veo —dijo Holmes.

—Sí, señor.

—¿Del Hospital de Charing Cross?

—De un par de amigos que tengo ahí, con motivo de mi boda.

—Vaya, vaya, esto sí que es malo —dijo Holmes moviendo la cabeza.

El doctor Mortimer parpadeó detrás de las gafas, con sorpresa.

—¿Qué es lo que está mal?

—Solamente que acaba de destruir nuestras pequeñas deducciones. ¿Su boda, dice usted?

—Sí, señor. Me casé y por eso abandoné el hospital y también todas las esperanzas de tener una consulta fija. Era necesario que reconstruyera mi propio hogar.

—Bueno, al final no estábamos tan equivocados —dijo Holmes—. Y ahora, doctor James Mortimer...

—Señor, señor, un humilde miembro de la Real Academia de Cirugía.

—Y, evidentemente, un hombre meticuloso.

—Un aficionado a la ciencia, señor Holmes, un recogedor de conchas en las orillas del gran mar desconocido. Supongo que me estoy dirigiendo al señor Sherlock Holmes y no...

—No, éste es mi amigo el doctor Watson.

—Encantado de conocerle, señor. He oído mencionar su nombre junto al de su amigo. Usted, señor Holmes, me interesa mucho. Difícilmente esperaba un cráneo tan dolicocefálico o un tal desarrollo supraorbital. ¿Tiene algún inconveniente en que pase mi dedo a lo largo de su fisura parietal? Un molde de su cráneo, hasta que esté disponible el original, sería una pieza valiosa para cualquier museo antropológico. No desearía molestar,

pero debo confesar que envidio la forma de su cráneo.

Sherlock Holmes hizo un gesto con la mano invitando a nuestro raro visitante a que se sentara.

—Verifico, señor, que es usted tan entusiasta en su manera de pensar como yo en la mía —dijo—. Veo por su dedo índice que se hace sus cigarrillos. Cuando guste puede fumar.

El hombre sacó papel y tabaco y lió un cigarrillo con sorprendente destreza. Tenía unos dedos largos, temblorosos, tan ágiles e inquietos como las antenas de un insecto.

Holmes guardaba silencio, pero sus rápidas miradas me revelaban el interés que sentía por nuestro curioso visitante.

—Supongo, señor —dijo por fin—, que no fue solamente con la finalidad de examinar mi cráneo por lo que me ha hecho el honor de venir a verme la pasada noche y de nuevo en el día de hoy, ¿no es así?

—No, realmente no lo fue; aunque me siento muy contento de tener también la oportunidad de hacerlo. He venido a verle, señor Holmes, porque reconozco que soy un inexperto y de repente me enfrento a un problema de lo más serio y extraordinario. Reconociendo, como lo hago, que es usted el segundo mayor experto en Europa...

—¿De verdad, señor? ¿Puedo preguntarle quién tiene el honor de ser el primero? —preguntó Holmes en un tono algo agrio.

—Para un hombre con mentalidad puramente científica, el trabajo del señor Bertillon tiene siempre que impresionar mucho.

—¿Y entonces no hubiera sido mejor que le consultara a él?

—He dicho, señor, para un hombre de mente puramente científica. Pero, como hombre de asuntos prácticos, está reconocido que es usted el único. Espero, señor, que no haya, sin querer...

—Un poco —dijo Holmes—. Creo, doctor Mortimer, que sería conveniente que sin más preámbulos tuviera la amabilidad de decirme exactamente cuál es el problema por el que solicita mi ayuda.

II

La maldición de los Baskerville

—Tengo en mi bolsillo un manuscrito —dijo el doctor James Mortimer.

—Lo he visto cuando entraba en esta sala —dijo Holmes.

—Es un viejo manuscrito.

—De comienzos del siglo dieciocho, a menos que sea una falsificación.

—¿Cómo puede decir eso?

—Ha dejado ante mi vista una o dos pulgadas de ese manuscrito durante todo el tiempo que estuvo hablando. No sería un gran experto quien no pudiera decir la fecha de un documento con una aproximación de más o menos una década. Es posible que haya leído mi pequeña monografía sobre el tema. El que usted trae lo sitúo en 1730.

—La fecha exacta es 1742 —el doctor Mortimer lo sacó del bolsillo de la pechera—. Este documento familiar fue confiado a mis cuidados por *sir* Charles Baskerville, cuya súbita y trágica muerte hace unos tres meses levantó una gran expectación en Devonshire. Debo decir que era su amigo personal así como su médico de cabecera. Era un hombre resuelto, señor, sagaz, práctico y tan poco imaginativo como lo soy yo. Asimismo tomó muy en serio este documento y su espíritu estaba preparado para el final que tuvo.

Holmes extendió la mano para coger el manuscrito y lo desplegó sobre sus rodillas.

—Observará, Watson, el empleo alternado de la letra "s" larga y corta. Es uno de los varios indicios que me permitieron determinar la fecha.

Miré por encima de su hombro hacia el papel amarillento y la desvanecida escritura. Arriba estaba escrito: "Solar de Baskerville", y abajo, en grandes números garrapateados: "1742".

—Parece ser algún tipo de declaración.

—Sí, es la declaración de una cierta leyenda que corre entre la familia Baskerville.

—Pero creo que su consulta se debe a algo más reciente y más práctico, ¿no es así?

—De lo más moderno. Se trata de un asunto urgente, de lo más práctico y que tiene que quedar resuelto dentro de veinticuatro horas. No obstante, el manuscrito es breve y está íntimamente relacionado con ese asunto. Con su permiso, se lo voy a leer.

Holmes se recostó en la silla, juntó las manos y cerró los ojos con aire resignado. El doctor Mortimer acercó el manuscrito a la luz y empezó a leer en voz alta y vibrante la siguiente narración, de estilo arcaico:

"Sobre los orígenes del sabueso de los Baskerville ha habido muchos cuentos, pero como desciendo en línea directa de Hugo Baskerville y recibí la historia de mi padre, quien también la recibió del suyo, he dado por sentado con la mayor certeza que ocurrió tal y como se describe aquí. Y desearía que no olvidarais, hijos míos, que la misma Justicia que castiga el pecado puede asimismo perdonarlo con gran benevolencia, y que, por más pesado que pueda ser el castigo, éste puede mitigarse mediante la oración y el arrepentimiento. Debéis aprender con este relato a no temer los frutos del pasado, sino más bien a ser mesurados en el futuro, que aquellas locas pasiones que tanto han hecho sufrir a nuestra familia no vuelvan a ser nuestra perdición.

"Sabed entonces que en los tiempos de la Gran Rebelión (cuya historia por el erudito lord Clarendon recomiendo que leáis) este castillo de Baskerville pertenecía a Hugo, que llevaba el mismo apellido, y no hay que ocultar que Hugo era el hombre más salvaje, profano y vil. La verdad es que sus vecinos podrían habérselo perdonado, ya que los santos nunca han abundado por aquellos parajes, pero había en él una cierta crueldad gratuita que hizo que su nombre fuera temido en todo el Oeste. Ocurrió que este Hugo se enamoró (si es que un amor tan fúnebre puede recibir una calificación tan poética) de la hija de un labrador que poseía tierras cerca de las propiedades de los Baskerville. Pero la joven, siendo discreta y de buena reputación, lo evitaba por temor a su endemoniado nombre. Así llegamos a una Nochebuena en la cual Hugo, con cinco o seis de sus villanos compañeros, se dirigió a la casa de la chica y, conocedor de que su padre y hermanos se encontraban ausentes, se la llevó. Cuando llegaron a la mansión, depositaron a la joven en una habitación del piso superior y se prepararon para una larga orgía, como acostumbraban hacer todas las noches. La pobre chica, arriba, casi se vuelve loca al oír las canciones y horribles palabrotas que tronaban abajo, ya que hay que decir que los términos empleados por Hugo Baskerville cuando había bebido eran para asustar a cualquiera. Cuando su miedo se volvió insoportable, ella hizo aquello que puede que el hombre más osado o más ágil hubiera dudado hacer. Ayudada por la hiedra que cubría (y sigue cubriendo) la pared que daba al sur, bajó al alero y a lo largo del brezal se dirigió de vuelta a su casa, que quedaba a tres leguas de la mansión de los Baskerville.

”Ocurrió que, pasado poco tiempo, Hugo dejó a sus amigos para ir por comida y bebidas –y quizá con otras intenciones malévolas– y llevarlas a su cautiva, y se encontró con que la jaula estaba vacía, ya que ésta había escapado. Entonces, al parecer, se puso enloquecido, como si tuviera el diablo en el cuerpo, bajó corriendo las escaleras hacia el comedor y se subió a la mesa haciendo volar todo cuanto había sobre ella, gritando a sus amigos que esa misma noche entregaría su cuerpo y su alma al diablo si no conseguía volver a apoderarse de la chica. Y, mientras sus compañeros quedaban atónitos ante su desmedida ira, uno que estaba más bebido, o que quizá fuera más villano que los demás, dijo que lo que deberían hacer era soltar a los perros para que la atraparan. Con lo cual Hugo salió de la casa para ordenar a sus criados que ensillaran su caballo y abrieran la perrera, y, entregando a los perros un pañuelo de la chica, los soltó y salió a galope bajo la luz de la luna.

”Durante algún tiempo los invitados permanecieron boquiabiertos, incapaces de entender todo lo que había pasado en tan pocos minutos. Pero poco a poco sus ideas, confusas por la bebida, se despertaron hasta el punto de darse cuenta del crimen que se iba a cometer. Todos estaban alborotados, unos pidiendo sus pistolas, otros reclamando sus caballos y algunos solicitando otra botella de vino. Pero, al final, las aguas fueron volviendo a su cauce y todos ellos (eran trece) cogieron los caballos y empezaron la persecución. La luna iluminaba con su brillante resplandor mientras cabalgaban por el sendero que la muchacha tenía que haber tomado para dirigirse a su casa.

”Habían recorrido una o dos millas, cuando pasaron por delante de un pastor nocturno y le preguntaron si había visto a su perseguida. El hombre, según cuenta la historia, estaba tan aterrado que apenas podía hablar, pero al final dijo que en realidad había visto a la infeliz

doncella, con los perros tras sus huellas. 'Pero he visto más que eso —dijo— ya que Hugo Baskerville pasó junto a mí montado en su yegua negra, y detrás de él, un dogo tan feroz, que Dios me libre de verlo alguna vez detrás de mis talones.'

"Entonces los borrachos siguieron su camino maldiciendo al pastor. Pero pronto quedaron aterrorizados al oír un galope y luego ver pasar la yegua negra echando espuma por la boca, con las riendas colgando y la silla vacía. Los amigos estaban realmente atemorizados, pero decidieron seguir el camino, aunque cualquiera de ellos, si estuviera solo, hubiera dado la vuelta de buen grado. Cabalgando despacio, por fin alcanzaron a los perros. Éstos, aunque fueran conocidos por su bravura y su casta, estaban agrupados en la cima de una colina, junto a una pendiente, sobre el páramo, algunos huyendo y otros encolerizados y con brillo en los ojos, mirando hacia el angosto valle que tenían delante.

"El grupo de amigos se detuvo, algo más tranquilizados, como es de suponer, que cuando empezaron la cacería. La mayoría no deseaba proseguir, pero tres de ellos, los más osados, o puede que los más borrachos, bajaron por la pendiente. Ésta se abría ahora en un amplio espacio en el cual existían dos de esas grandes rocas, que todavía se pueden ver en el lugar, que allí habían colocado ciertas gentes hoy ya olvidadas del mundo. La luna seguía brillando sobre aquel claro y en el centro yacía la desgraciada doncella tal y como había caído, muerta de miedo y de cansancio. Pero no fue la vista de su cuerpo, ni tampoco la del cuerpo de Hugo Baskerville, que yacía junto a ella, lo que erizó el pelo de estos tres malvados, sino que encima de Hugo, y mordiéndole la garganta, estaba algo horroroso, un animal enorme, de pelo negro con la forma de un dogo, pero mayor que cualquier dogo que haya sido jamás visto por alguien en el mundo. E, incluso, mientras miraban cómo el animal desgarraba la garganta de Hugo Baskerville, se dieron cuenta de que aquél se volvía para mirarles con sus chispeantes ojos y amenazarles con sus terribles mandíbulas, lo cual hizo que temblaran de terror y dieran la vuelta temiendo por sus vidas. Se cuenta que uno murió esa misma noche por la impresión de lo que había visto, y que los otros dos quedaron idiotas para el resto de su vida.

"Ésta es la historia, hijos míos, de la aparición del sabueso que se dice que desde entonces tan desgraciada ha hecho a nuestra familia. Si la he escrito, es porque es de todos conocido que, cuando se sabe algo de verdad, eso produce menos terror que aquello que solamente se intuye o se adivina. Tampoco se puede negar que muchas personas de la familia han tenido una muerte desgraciada, una muerte que ha sido súbita, sangrienta y misteriosa. Asimismo, debemos encomendarnos a la infinita bondad de la Providencia, que no va a castigar siempre al inocente más allá de la tercera o cuarta generación, tal como está dicho en las Sagradas Escrituras. A esa Providencia, hijos míos, les encomiendo por el presente, y les aconsejo, como medida de precaución, que eviten cruzar el páramo en las horas de oscuridad, cuando están excitadas las fuerzas del mal.

"(Esto lo escribe Hugo Baskerville a sus hijos Rodger y John, rogándoles que nada digan de esto a su hermana Elizabeth)".

Cuando el doctor Mortimer terminó de leer esta extraña narración, levantó sus gafas hacia la frente y quedó mirando con aire grave a Sherlock Holmes. Éste lanzó un bostezo y tiró al fuego la colilla de su cigarrillo.

—¿Y bien? —dijo.

—¿Lo encuentra interesante?

—Quizá para un coleccionista de cuentos fantásticos.

El doctor Mortimer se sacó del bolsillo un periódico doblado.

—Ahora, señor Holmes, le daremos algo más reciente. Éste es el *Devon County Chronicle* del 14 de junio de este año. Es un corto relato de los hechos revelados a la muerte de sir Charles Baskerville, que tuvo lugar unos días antes de esa fecha.

Mi amigo se inclinó un poco hacia delante y su expresión se volvió más aguzada. Nuestro visitante se puso las gafas y empezó a leer:

"La reciente muerte súbita de *sir* Charles Baskerville, cuyo nombre ha sido mencionado como el probable candidato liberal por Mid-Devon en las próximas elecciones, ha llenado de tristeza al condado. Aunque *sir* Charles residiera en la mansión de los Baskerville desde hace relativamente poco tiempo, su afabilidad de carácter y extremada generosidad habían ganado el afecto y el respeto de todos cuantos le conocían. En esta época de *nouveaux riches* es alentador el encontrar un caso donde el descendiente de una antigua familia que se ha derrumbado en los malos tiempos puede hacer su propia fortuna y traerla para restaurar la grandeza caída de su estirpe. *Sir* Charles, como es sabido de todos, ganó grandes sumas de dinero especulando en África del Sur.

"Más oportuno que aquellos que siguen hasta que la rueda de la fortuna se vuelve en su contra, él obtuvo sus ganancias y volvió con ellas a Inglaterra. Sólo han pasado dos años desde que fijó su residencia en la mansión de los Baskerville y es tema general de conversación las grandes obras de reconstrucción y mejoras que han sido interrumpidas por su muerte. Al no tener hijos, era su deseo manifiesto que toda la provincia debería, durante su vida, disfrutar de su buena fortuna, y muchos tendrán motivos personales para llorar su prematura muerte. Sus generosos donativos a instituciones de caridad locales y provinciales han sido frecuentemente objeto de crónicas en estas columnas.

"No se puede decir que las circunstancias relacionadas con la muerte de *sir* Charles hayan sido totalmente aclaradas por la investigación, sino que se ha hecho lo bastante para desechar esos rumores a los cuales había dado origen la superstición del lugar. No existe ningún motivo para sospechar de la perfidia ni para imaginar que la muerte fuera provocada por causas que no fuesen naturales. *Sir* Charles era viudo y un hombre del cual se puede decir que, en cierto modo, tenía unas costumbres excéntricas. No obstante su considerable riqueza, tenía unos gustos sencillos y sus sirvientes en la mansión de los Baskerville se limitaban a un matrimonio llamado Barrymore, siendo el marido el mayordomo y la mujer el ama de llaves. Su declaración, confirmada por la de varios amigos, tiende a demostrar que desde hace algún tiempo la salud de *sir* Charles era algo precaria y apunta especialmente a alguna afección del corazón, que se manifestaba por cambios de color, dificultades respiratorias y fuertes ataques de depresión nerviosa. El doctor James Mortimer, amigo y médico de cabecera del fallecido, lo ha confirmado también.

"Los hechos son sencillos. *Sir* Charles Baskerville tenía la costumbre, todas las noches, antes de acostarse, de pasear por la famosa alameda de la mansión de los Baskerville. La declaración de los Barrymore muestra que ésta era su costumbre. El día 4 de junio, *sir* Charles había manifestado su propósito de salir al día siguiente hacia Londres y había dicho a Barrymore que le preparara su equipaje. Esa noche salió, como de costumbre, para su paseo, durante el cual solía fumarse un puro. Jamás volvió. A las doce de la noche, Barrymore, al encontrar la puerta del vestíbulo todavía abierta, se inquietó, y, encendiendo una linterna, salió en busca de su amo. El día había sido húmedo y las huellas de *sir* Charles estaban nítidamente visibles en la alameda. A medio camino de esta alameda existía una puerta que salía hacia el páramo. Había señales de que *sir* Charles había permanecido allí durante algún tiempo. Entonces prosiguió por la alameda y fue al final de ésta donde encontró su cuerpo. Un hecho que no ha sido explicado es la declaración de Barrymore de que las huellas de su amo cambiaron de forma desde que cruzó la puerta del páramo, y a partir de entonces parecía que había caminado sobre las puntas de los pies. Un gitano tratante de caballos, llamado Murphy, estaba en ese momento en el páramo, a poca distancia, pero parece por su propia confesión que estaba bebido. Declara haber oído gritos, pero no puede aclarar de qué lado provenían. No se han descubierto señales de violencia en el cuerpo de *sir* Charles y, aunque la declaración del médico aluda a una deformación facial casi increíble —tan grande que el doctor Mortimer se negó al principio a creer que era en realidad su amigo y paciente quien yacía delante suyo—, se explicó que éste es un síntoma que no es raro en casos de disnea y muerte causada por fallo cardiaco. Esta explicación fue corroborada por la autopsia, que mostró la existencia de una larga enfermedad orgánica, y el jurado dio su veredicto de acuerdo con la declaración médica. Es bueno que así sea, ya que evidentemente es de la mayor importancia que el heredero de *sir* Charles resida en la mansión y prosiga la buena labor que ha sido tan tristemente interrumpida. Si el prosaico hallazgo del jurado no hubiese puesto fin a las románticas historias que han circulado sobre el asunto, podría haber sido difícil encontrar un inquilino para la mansión de los Baskerville. Se sabe que el pariente más próximo es el señor Henry Baskerville, si aún vive, hijo del hermano menor de *sir* Charles Baskerville. La última vez que se tuvo noticias de él estaba en América, y se están haciendo investigaciones al objeto de informarle de su buena herencia."

El doctor Mortimer volvió a doblar el periódico y lo guardó en su bolsillo.

—Éstos son los hechos de dominio público relacionados con la muerte de *sir* Charles Baskerville.

—Debo agradecerle —dijo Sherlock Holmes— el que haya llamado mi atención hacia un caso que seguramente presente algunas características interesantes. En esa fecha he leído algún comentario en los periódicos, pero estaba tan ocupado por ese pequeño asunto de los camafeos del Vaticano que, en mi afán de servir al Papa, perdí el contacto con varios casos de interés en Inglaterra. Este artículo, dice usted, ¿contiene todos los hechos de dominio público?

—Pues sí, los contiene.

—Entonces, hábleme de los privados —se inclinó hacia atrás, juntó las manos y adoptó su expresión más imperturbable y judicial.

—Al hacerlo —dijo el doctor Mortimer, que había empezado a mostrar síntomas de una fuerte emoción—, le digo que no hice confidencias a nadie. Mis razones para ocultarlas a la investigación del juez son que un hombre de ciencia no se atreve a situarse en la posición pública de parecer que avala la superstición popular. Además, también contaba para mí el motivo de que la mansión de los Baskerville, como dice el periódico, seguramente quedaría sin inquilino si se hiciera algo para aumentar su fama, ya algo oscura. Por estos dos motivos creí que estaba justificado decir algo menos de lo que yo sabía, puesto que no produciría ningún bien práctico con ello, pero con usted no existe ningún motivo para que no sea absolutamente sincero.

"El páramo es una región de población muy poco densa y por eso aquellos que viven cerca unos de otros se conocen muy bien. Por este motivo, supe mucho de *sir* Charles Baskerville. Exceptuando al señor Frankland, de Lafter Hal, y al señor Stapleton, el naturalista, no existen otras personas con cultura en muchas millas alrededor. *Sir* Charles era un hombre reservado, pero la casualidad de su enfermedad nos hizo intimar y el común gusto por la ciencia así nos mantuvo. Había traído consigo mucha información científica de África del Sur y hemos pasado juntos muchas veladas agradables hablando de la anatomía comparada de los bosquimanos y de los hotentotes.

"Durante los últimos meses se me hizo cada vez más evidente que el sistema nervioso de *sir* Charles estaba tirante, a punto de estallar. Había tomado demasiado a pecho esta leyenda que acabo de leerles —hasta tal punto que, aunque paseara por sus propias tierras, nadie le convencería a subir al páramo por la noche—. Por inverosímil que a usted le pueda parecer, señor Holmes, estaba sinceramente convencido de que una suerte fatal pendía sobre su familia, y sin duda lo que conocía sobre sus antepasados no era precisamente alentador. La idea de alguna horrible presencia le obsesionaba constantemente y en más de una ocasión me preguntó si durante mis visitas médicas por la noche yo había visto alguna extraña criatura o había escuchado el aullido de un dogo. Esta última pregunta me la hizo varias veces y siempre con un tono de voz que vibraba de excitación. Recuerdo muy bien cuando me dirigía a su casa al final de una tarde, unas tres semanas antes del fatal desenlace. Se encontraba en la puerta principal. Bajé de mi calesín y me quedé delante suyo, cuando vi sus ojos fijos sobre mis hombros y luego me taladró con su mirada, con una expresión de indescriptible terror. Me di rápidamente la vuelta y tuve justamente el tiempo de vislumbrar algo que me pareció ser un gran ternero negro que pasaba arriba, por el camino. Se encontraba tan excitado y alarmado que me vi en la obligación de bajar hacia el punto donde había estado el animal y me puse a buscarlo. Sin embargo, se había marchado y el incidente parece que tuvo sobre su mente el peor de los efectos. Me quedé junto a él toda la noche y fue entonces, para explicar la emoción que había demostrado, cuando me confesó y pidió que guardara el relato que les leí cuando llegué. Menciono este pequeño episodio ya que tiene cierta importancia por lo que concierne a la tragedia que le siguió, pero entonces estaba convencido de que el asunto era completamente trivial y que su excitación no estaba justificada.

"Por mi consejo, *sir* Charles decidió marcharse a Londres. Yo sabía que su corazón enfermo y la constante inquietud en que vivía, por muy imaginaria que fuese la causa, estaba sin duda teniendo un grave efecto sobre su estado de salud. Creí que unos meses entre las diversiones de la gran ciudad volverían a convertirle en otro hombre. El señor Stapleton, nuestro amigo común, que estaba muy preocupado por su estado de salud, fue de la misma opinión. Pero en el último momento surgió esta horrible catástrofe.

”La noche de la muerte de *sir* Charles, su mayordomo Barrymore, que descubrió el cuerpo, envió a Perkins, el criado, a buscarme con un caballo. Como me había quedado levantado hasta tarde, pude llegar a la mansión de los Baskerville cuando solamente había pasado una hora después del suceso. Examiné y corroboré todos los hechos que fueron mencionados en la investigación. Seguí las huellas por la alameda, vi el punto, junto a la puerta que da al páramo, donde parece que él había aguardado, observé el cambio de las pisadas sobre la grava blanda, excepto las de Barrymore; finalmente observé atentamente el cuerpo, que no se había tocado hasta mi llegada. *Sir* Charles estaba boca abajo, con los brazos extendidos, los dedos clavados en la tierra y su rostro convulsionado por una fuerte emoción, hasta tal punto que me fue difícil jurar su identidad. Ciertamente, no existía lesión física de ningún tipo. Pero en la investigación Barrymore prestó una declaración falsa. Dijo que no existían marcas en el suelo alrededor del cuerpo. No vio ninguna. Pero yo sí que las vi, a alguna distancia pero frescas y nítidas.

—¿Eran pisadas?

—Sí, eran pisadas.

—¿De hombre o de una mujer?

Durante unos instantes el doctor Mortimer se nos quedó mirando con sorpresa y, cuando contestó, su voz sonó como un susurro:

—Señor Holmes, eran huellas de un perro gigantesco.

III

El problema

Debo confesar que, al escuchar estas palabras, un escalofrío recorrió mi cuerpo. Había una conmoción en la voz del médico que demostraba que él mismo estaba profundamente emocionado con lo que nos estaba contando. Holmes se inclinó hacia delante y su mirada tenía aquella expresión dura y seca que solían despedir sus ojos cuando estaba vivamente interesado en algo.

—¿Las ha visto?

—Las he visto tan claro como le estoy viendo a usted.

—¿Y no ha dicho nada?

—¿Para qué serviría?

—¿Y cómo es que nadie más las ha visto?

—Las huellas estaban como a unas veinte yardas del cuerpo y nadie se fijó en ellas. Creo que yo tampoco lo hubiera hecho si no conociera esta leyenda.

—¿Hay muchos perros pastores en el páramo?

—Sin duda, pero en este caso no se trataba de un perro pastor.

—Dice que era muy grande.

—Era enorme.

—¿Pero no se había acercado al cuerpo?

—No, señor.

—¿Cómo se presentaba la noche?

—Húmeda y desapacible.
—¿Pero no estaba lloviendo realmente?
—No, no llovía.
—¿Cómo es la alameda?
—Hay dos hileras de tejos viejos de unos doce pies de altura, que son impenetrables. El sendero, en el centro, tiene cerca de ocho pies de ancho.
—¿Existe algo entre los arbustos y el sendero?
—Sí, hay una banda de césped de cerca de seis pies de ancho a cada lado.
—Deduzco que se entra en los arbustos por una verja en un determinado punto, ¿no es así?
—Sí, hay una puerta que da al páramo.
—¿Existe alguna otra abertura?
—Ninguna.
—Así que para llegar hasta la alameda hay que bajar desde la casa o bien entrar por la puerta que da al páramo?
—Hay una salida a través de una glorieta en el otro extremo.
—¿*Sir* Charles había llegado hasta este lugar?
—No; yacía a cerca de cincuenta yardas de él.
—Ahora, dígame, doctor Mortimer, y esto es importante, ¿las marcas que vio estaban en el sendero y no en el césped?
—En el césped no se podría haber visto ninguna marca.
—¿Estaban en el mismo lado del sendero que la puerta que da al páramo?
—Sí; estaban en el mismo lado del sendero que la puerta del páramo.
—Está usted despertando en mí un gran interés. Otra pregunta: ¿estaba cerrada la puerta?
—Estaba cerrada con un candado.
—¿Qué altura tiene la puerta?
—Unos cuatro pies.

—Entonces cualquier persona podría saltar por encima. ¿No es así?

—Sí, es verdad.

—¿Y qué marcas vio junto a la puerta?

—Ninguna en especial.

—¡Por Dios! ¿No hubo nadie que lo inspeccionara?

—Sí, yo mismo lo hice.

—¿Y no encontró nada?

—Me encontraba muy confuso. Es evidente que *sir* Charles había permanecido allí de pie durante cinco o diez minutos.

—¿Cómo lo sabe?

—Porque había ceniza de su puro en dos sitios.

—¡Notable! Éste es un colega, Watson, sinceramente. Pero ¿y las marcas?

—Había dejado sus huellas sobre toda esa pequeña porción de grava. No pude distinguir otras.

Sherlock Holmes, con un gesto de impaciencia, golpeó la rodilla con la mano.

—¡Si hubiese podido estar allí! —exclamó—. No hay duda de que se trata de un caso del mayor interés y un caso que presenta infinitas posibilidades al experto. Ese sendero de grava en el cual yo podría haber leído tanto, en este momento ya está borrado por la lluvia y por las pisadas de los curiosos. ¡Vaya, vaya, doctor Mortimer, pensar que no me haya llamado! La verdad es que tiene usted mucha culpa.

—Si le hubiese llamado, señor Holmes, divulgaría estos hechos, y ya di motivos, mis motivos, para no hacerlo. Además, además...

—¿Vacila usted?

—Existe una esfera en la cual el más agudo y más experimentado de los detectives es impotente.

—¿No querrá usted decir que se trata de algo sobrenatural?

—No he asegurado que así sea.

—No lo ha asegurado, pero evidentemente lo piensa.

—Desde que tuvo lugar esta tragedia han llegado a mis oídos varios incidentes que se hacen difíciles de incluir en el ámbito normal del desarrollo de la naturaleza.

—¿Como por ejemplo?

—Constato que antes de que tuviera lugar el fatal suceso, varias personas han visto un animal en el páramo que se parece a este demonio de Baskerville y que no es posible que sea ningún animal del que la ciencia conozca su existencia. Todos ellos estaban de acuerdo en que se trataba de algo monstruoso, fantasmagórico. He procedido a un exhaustivo interrogatorio de estos hombres, uno de ellos un labrador poco sentimental, un bracero, y un tercero, un agricultor del páramo, y todos ellos han narrado la misma historia de una terrible aparición, que corresponde precisamente al sabueso fantasma de la leyenda. Les aseguro que en el distrito reina el terror y que el que ose cruzar el páramo por la noche puede ser considerado un valiente.

—¿Y usted, un hombre de ciencia bien formado, cree que es sobrenatural?

—Ya no sé qué creer.

Holmes replicó, encogiéndose de hombros:

—Hasta hoy he limitado mis investigaciones a lo terreno. De una forma modesta he combatido al demonio, pero enfrentarse al padre de todos los males puede que sea una tarea ambiciosa. Asimismo, tiene que estar usted de acuerdo en que la pisada es algo material.

—El sabueso del relato fue tan material que consiguió desgarrar la garganta de un hombre, y sin embargo era también diabólico.

—Veo que usted se ha ido bastante hacia el campo de lo sobrenatural. Pero ahora, doctor Mortimer, dígame una cosa. Si ésas son sus ideas, ¿por qué ha venido a verme? Me dice al mismo tiempo que es inútil investigar la muerte de *sir* Charles y que desea que yo lo haga.

—No he dicho que desee que usted lo haga.

—Entonces, ¿qué pretende de mí?

—Que me aconseje lo que debo hacer con *sir* Henry Baskerville, que llegará a la estación de Waterloo —en este momento el doctor Mortimer echó una mirada a su reloj— exactamente dentro de una hora y cuarto.

—¿Es el heredero?

—Sí. A la muerte de *sir* Charles hemos buscado a ese joven, comprobando que trabajaba en la agricultura, en Canadá. Por los relatos que nos han llegado sabemos que es una excelente persona en todos los aspectos. Ahora no estoy hablando como médico, sino como fiduciario y ejecutor testamentario de las últimas voluntades de *sir* Charles.

—¿Supongo que no existirá otro pretendiente?

—Ninguno. El otro único pretendiente que hemos podido encontrar fue Rodger Baskerville, el menor de los tres hermanos, de los cuales *sir* Charles era el mayor. El segundo hermano, que murió joven, es el padre de este chico, Henry. El tercero, Rodger, era la oveja negra de la familia. Descendía de la vieja cepa de los Baskerville y, según me dicen, era la viva imagen del viejo Hugo. Fue lo bastante molesto como para no poder quedarse en Inglaterra, así que se escapó a Centroamérica, donde, aquejado por la fiebre amarilla, murió en 1876. Henry es el último de los Baskerville. Dentro de una hora y cinco minutos le voy a esperar a la estación de Waterloo. He recibido un telegrama informándome de que había llegado esta mañana a Southampton. Y ahora, señor Holmes, ¿qué me aconseja que haga con él?

—¿Por qué no va él a casa de sus padres?

—Parecería lo más natural, ¿verdad? No obstante, tenga en cuenta que cada Baskerville que va allí se encuentra con un destino fatal. Estoy seguro de que, si *sir* Charles hubiera hablado conmigo antes de su muerte, me hubiera advertido para que no llevara al último de la vieja generación, y heredero de la gran fortuna, a ese lugar fatal. Y, asimismo, no se puede negar que la prosperidad de esa pobre y desierta región depende de su presencia. Todas las buenas obras que ha realizado *sir* Charles se derrumbarán si no existe un inquilino en la mansión. Temo estar demasiado influenciado por mi evidente interés en el asunto, y por esta razón le he confiado el caso y le ruego que me dé su consejo.

Durante unos instantes, Holmes permaneció pensativo.

—Hablando claro, el caso es éste —dijo—. A su juicio, existe un ser diabólico que hace que Dartmoor sea un hogar inseguro para un Baskerville. Ésa es su opinión, ¿verdad?

—Por lo menos, me atrevo a decir que existen algunas pruebas de que pueda ser así.

—Muy bien. Pero ciertamente, si su teoría de lo sobrenatural es correcta, podrá causar daño a ese joven tanto en Londres como en Devonshire. Un ser diabólico, con poderes meramente locales, como la sacristía de una parroquia, sería algo inconcebible.

—Si usted, señor Holmes, hubiese sido testigo de los hechos, estoy seguro de que no enfocaría este asunto tan a la ligera. Su consejo, según debo deducir, es que el joven estará tan seguro en Devonshire como en Londres. Llega dentro de cincuenta y cinco minutos. ¿Qué me aconseja?

—Le aconsejo, señor, que llame a un coche, se lleve a su perro, que me está rayando la puerta de la calle, y se dirija a Waterloo a recibir a *sir* Henry Baskerville.

—¿Y entonces?

—Entonces no le dirá nada hasta que yo haya decidido algo sobre el asunto.

—¿Cuánto tardará en tomar alguna decisión?

—Veinticuatro horas. A las diez horas de mañana, doctor Mortimer, le agradeceré que venga a verme aquí, y me ayudará en mis planes para el futuro si viene acompañado por *sir* Henry Baskerville.

—Así lo haré, señor Holmes.

Con un lápiz apuntó la hora de la cita en el puño de la camisa y se marchó con una expresión rara, de dignidad y de despiste. Holmes lo detuvo al empezar la escalera.

—Solamente una pregunta más, doctor Mortimer. ¿Dice que antes de la muerte de *sir* Charles Baskerville varias personas vieron esta aparición en el páramo?

—Han sido tres personas.

—¿Alguien más la vio después?

—No tengo conocimiento de ello.

—Muchas gracias. Buenos días.

Holmes volvió a su asiento con esa mirada tranquila de satisfacción interior que significaba que tenía una tarea agradable en perspectiva.

—¿Va a salir, Watson?

—A menos que le pueda ser útil en algo.

—No, mi querido amigo, en el momento de actuar es cuando le pido su ayuda. Pero esto es espléndido, realmente único desde algunos puntos de vista. Si pasa por la tienda de Bradley, por favor, pídale que me envíe una libra de tabaco picado del más fuerte. Se lo agradezco y también le agradecería que no volviera antes de la noche. Entonces me satisfará mucho comparar impresiones sobre este interesante problema que nos ha sido presentado esta misma mañana.

Sabía que la reclusión y la soledad le eran muy necesarias a mi amigo en los momentos de intensa concentración mental, durante los cuales sopesaba cada pequeña prueba, daba forma a teorías alternativas, comparaba el peso de unas con el peso de otras y decidía los puntos que eran esenciales y aquellos que eran accidentales. Así que pasé el día en el club y no volví a Baker Street hasta que fue de noche. Eran cerca de las nueve cuando volví a encontrarme de nuevo en el salón.

La primera impresión que tuve al abrir la puerta fue que se había declarado un incendio, ya que el aposento estaba tan lleno de humo que oscurecía la luz de la lámpara que pendía sobre la mesa. Sin embargo, cuando entré, se disiparon mis temores, ya que el fuerte humo del tabaco me atacó la garganta y me hizo toser. A pesar de la niebla, pude vislumbrar a Holmes enfundado en su bata y sentado en su butaca con una pipa de porcelana negra entre los labios. A su alrededor yacían varios rollos de papel.

—¿Se ha resfriado, Watson? —me preguntó.

—No, es este aire sofocante.

—Ahora que lo dice, me parece que está algo cargado.

—¡Algo cargado! Está insoportable.

—Entonces, lo que debe hacer es abrir la ventana. Ya veo que estuvo todo el día en su club.

—¡Mi querido Holmes!

—¿Estoy en lo cierto?

—Claro que sí; ¿pero cómo...?

Se puso a reír ante mi expresión de asombro.

—Viene usted muy apuesto, Watson, y eso me proporciona el placer de ejercitar los pequeños poderes que poseo. Un caballero sale a la calle en un día lluvioso y con todo lleno de barro. Por la noche vuelve sin mácula, incluso con el sombrero resplandeciente y las botas lustrosas. Por ello, se habrá pasado todo el día bajo techo. No se trata de un hombre que tenga amigos íntimos. Entonces, ¿dónde podrá haber estado? ¿No es elemental?

—Pues, sí, es bastante elemental.

—El mundo está lleno de cosas obvias que nadie se dedica a observar. ¿Dónde cree que he estado yo?

—Bajo techo también, según creo.

—Muy al contrario, he ido a Devonshire.

—¿En pensamiento?

—Exactamente. Mi cuerpo ha permanecido en esta butaca; y, lamento decirlo, durante mi ausencia ha con-

sumido dos grandes jarras de café y una cantidad increíble de tabaco. Cuando usted se marchó, mandé a buscar a la casa de Stanford el mapa topográfico de esta parte del páramo y durante el resto del día mi espíritu ha flotado sobre él. Me congratulo de que puedo orientarme en él.

—Supongo que es un mapa a gran escala

—Muy grande —desplegó una parte y la apoyó en la rodilla—. Aquí tiene usted el distrito que nos incumbe. Éste, en el centro, es el castillo de Baskerville.

—¿Con un bosque alrededor?

—Exactamente. Me imagino la alameda, aunque no esté indicada bajo ese nombre, que tiene que extenderse a lo largo de esta línea, con el páramo, como puede suponer, a su derecha. Este pequeño grupo de edificios es el caserío de Grimpen, donde nuestro amigo el doctor Mortimer tiene su residencia. Dentro de un radio de cinco millas hay, como puede ver, solamente unas pocas viviendas. Aquí está la mansión Lafter, que se mencionó en el relato. Aquí se indica una casa que podrá muy bien ser la residencia del naturalista, si no recuerdo mal, se llama Stapleton. Aquí hay dos granjas, High Tor y Foulmire. Luego, a catorce millas de distancia, está la gran cárcel de Princetown. En medio, y alrededor de estos puntos, se extiende el solitario y desierto páramo. Así que es aquí donde tuvo lugar la tragedia y donde nosotros podemos reproducir la escena.

—Tiene que ser un lugar muy agreste.

—Sí, es un lugar muy propicio. Si el demonio desea entrometerse en los asuntos del hombre...

—O sea, que usted también se inclina hacia la explicación de lo sobrenatural.

—Los agentes del mal pueden ser de carne y hueso, ¿o no? Para empezar hay dos cuestiones que nos aguardan. La primera es si se ha cometido realmente un crimen; y la segunda es: ¿cuál fue el crimen y cómo se cometió?

Evidentemente, si las conjeturas del doctor Mortimer son correctas, nos encontramos con fuerzas extrañas a las leyes normales de la naturaleza y hemos llegado al final de nuestra investigación. Pero estamos obligados a agotar todas las otras hipótesis antes de aceptar ésta. Creo que debemos volver a cerrar esa ventana, si no le molesta. Es algo extraño, pero me parece que una atmósfera cerrada ayuda a la concentración de las ideas. Aún no llego al extremo de encerrarme en una caja para pensar, pero es la conclusión lógica de mis convicciones. ¿Ha pensado en el caso?

—Sí, lo he estado meditando bastante durante el día.

—¿Y qué le parece?

—Que es bastante desconcertante.

—Ciertamente, tiene características originales. Por ejemplo, ese cambio de las pisadas. ¿Qué le parece ese aspecto?

—Mortimer dijo que por esa parte de la alameda el hombre caminaba de puntillas.

—Solamente repitió lo que había dicho algún imbécil en la investigación. ¿Por qué iba un hombre a andar de puntillas a lo largo de la alameda?

—Iba corriendo, Watson, corriendo desesperadamente, intentando salvar la vida, corriendo hasta que su corazón estalló y cayó muerto boca abajo.

—¿Huyendo de qué?

—Ahí reside nuestro problema. Hay indicios de que nuestro hombre se encontraba preso del miedo antes de empezar a correr.

—¿En qué se basa para hacer tal afirmación?

—Presumo que la causa de su miedo provenía del otro lado del páramo. Si fue así, y parece ser lo más probable, solamente un hombre que ha perdido la razón hubiese huido de la casa en lugar de huir hacia ella. Si consideramos como cierta la declaración del gitano, corrió pidiendo socorro en la dirección en que había posibilidades de que le ayudaran. Y volvemos a encontrarnos con la pregunta: ¿por qué les esperaba en la alameda en lugar de hacerlo en su propia casa?

—¿Cree que estaba esperando a alguien?

—*Sir* Charles casi era un viejo y su salud estaba muy minada. Quizá diera un paseo antes de irse a dormir, pero el tiempo era frío y húmedo aquella noche; por esa causa, no me parece probable que se mantuviera allí quieto durante más de cinco o diez minutos. Así lo dedujo el doctor, con más sagacidad de la que yo le creía capaz, al ver las cenizas del cigarro.

—Pero todas las noches salía.

—Aunque así lo hiciese, no pienso que acostumbrara a pararse todas las noches en la puerta del páramo. Esa noche esperó allí. Se trataba de la noche anterior a su partida para Londres. La cosa va teniendo sentido, Watson. Se vuelve coherente. Le ruego que me dé el violín y pospondremos las demás consideraciones sobre este asunto hasta que tengamos la oportunidad de recibir por la mañana al doctor Mortimer y a *sir* Henry Baskerville.

IV

SIR HENRY BASKERVILLE

Por la mañana, nuestra mesa del desayuno fue levantada temprano y Holmes aguardaba la prometida entrevista enfundado en su bata. Nuestros clientes comparecieron puntuales a la cita, ya que el reloj acababa de dar las diez cuando apareció el doctor Mortimer, seguido del joven caballero. Éste era un hombre pequeño, despierto, de ojos negros, de cerca de treinta años de edad, de fuerte complexión, espesas cejas negras y un rostro fuerte y agresivo.

Vestía un traje de color rojizo oscuro y tenía el aspecto de una persona curtida por la intemperie, de alguien que pasó la mayor parte de su vida al aire libre, aunque se pudiera observar en su mirada firme y en la tranquilidad de su porte que se trataba de un caballero.

—Le presento a *sir* Henry Baskerville —dijo el doctor Mortimer.

—Así es —dijo *sir* Henry—, y lo curioso, señor Holmes, es que si mi amigo hubiera decidido no acompañarme esta mañana, yo sí que hubiese venido solo. He oído decir que usted descifra pequeños rompecabezas y esta mañana tengo uno que supera mis posibilidades.

—Le ruego que tome asiento, *sir* Henry. Según deduzco, desde que llegó a Londres ya ha pasado usted por algún trance especial, ¿no es así?

—Nada muy importante, señor Holmes. A lo mejor se trata simplemente de una broma. Es el caso de esta carta, si es que se le puede llamar carta, que me llegó esta mañana.

Depositó un sobre sobre la mesa y todos nos inclinamos para verlo. Era de un tipo corriente, de color pardo. La dirección, "*Sir* Henry Baskerville, hotel Northumberland", estaba escrita en caracteres toscos; llevaba el matasellos de Charing Cross y la fecha de correos de la noche anterior.

—¿Quién sabía que se iba usted a hospedar en el hotel Northumberland? —preguntó Holmes mirando fijamente a nuestro visitante.

—Nadie podía saberlo. Fue decidido solamente después de encontrarme con el doctor Mortimer.

—Pero sin duda el doctor Mortimer también se alojaba en ese mismo hotel, ¿no es así?

—No, yo estaba alojado en casa de un amigo —dijo el doctor—. No había nada que pudiera indicar que teníamos previsto ir a ese hotel.

—¡Vaya, vaya! Parece que hay alguien muy interesado por sus movimientos.

Sacó del sobre media cuartilla, del tamaño aproximado de medio folio, que estaba doblada en cuatro. La desplegó sobre la mesa. En la mitad de la hoja existía una sola frase, formada pegando recortes de letras de imprenta.

Decía: "Si tiene amor a su vida o a su razón, aléjese del páramo". La palabra páramo era la única escrita a mano.

—Ahora —dijo *sir* Henry Baskerville— quizá me pueda decir, señor Holmes, qué quiere decir esta amenaza y quién está tan interesado por mis asuntos.

—¿Qué piensa usted de ello, doctor Mortimer? Tendrá que condescender en que no hay nada de sobrenatural, al menos en este caso, ¿o no?

—No, señor, pero es muy posible que venga de alguien que estuviese convencido de que es algo sobrenatural.

—¿De qué hablan? —preguntó sir Henry bruscamente—. Me da la impresión de que todos ustedes, señores, saben mucho más que yo de mis propios asuntos.

—Compartiremos con usted todo lo que sabemos antes de que abandone esta sala, *sir* Henry, se lo prometo —dijo Sherlock Holmes—. De momento nos dedicaremos, si nos permite, a este curioso documento que debe de haber sido preparado y depositado en correos ayer por la noche. ¿No tendrá por casualidad el *Times* de ayer, Watson?

—Sí, está en este rincón.

—¿Le molestaría dármelo? La página de dentro, por favor, donde viene el editorial —lo ojeó rápidamente, pasando los ojos de arriba hacia abajo por las columnas—. Notable este artículo sobre el libre comercio. Dejen que les lea algunos párrafos del mismo. "Puede que se sienta alagado al imaginarse que su propio comercio o su propia industria serán incentivados con una tarifa protectora, pero es lógico que dicha legislación tiene a la larga que alejar el bienestar del país, reducir el valor de nuestras importaciones y rebajar las condiciones de vida de esta nación." ¿Qué piensa de esto, Watson? —exclamó Holmes con júbilo y frotándose las manos alegremente—. ¿No cree que es una opinión maravillosa?

El doctor Mortimer miró a Holmes con una expresión

de interés profesional y *sir* Henry Baskerville fijó en mí sus negros ojos con aire de perplejidad.

—La verdad es que no estoy muy enterado sobre lo de la tarifa y cosas por el estilo —dijo—; pero me parece que nos estamos saliendo un poco del tema, por lo que concierne a esa carta.

—Todo lo contrario, creo que estamos sobre la pista, *sir* Henry. Watson conoce mejor mis métodos que usted, pero me temo que incluso él no ha llegado a comprender muy bien el significado de esta frase.

—No, debo confesar que no veo la relación que pueda existir.

—Y sin embargo, mi querido Watson, la relación es tan estrecha que un escrito está sacado del otro. "Su", "vida", "razón", "alejar", "de". ¿No ve ahora de dónde han sido sacadas estas palabras?

—¡Por mil demonios, tiene usted razón! ¡Eso sí que es ser astuto! —exclamó *sir* Henry—. Si aún quedara alguna duda, ésta se disiparía con el hecho de que las palabras "aléjese" y "del" están cortadas de una sola pieza.

—Bueno. ¡Entonces ya lo tenemos!

—Para ser sincero, señor Holmes, esto supera todo aquello que yo pudiera haber imaginado —dijo el doctor Mortimer, mirando a Holmes con expresión de asombro—. Podría aceptar el que cualquier persona dijera que las palabras estaban cortadas de un periódico; pero de ahí a que usted diga de cuál de ellos y añada que fue del editorial, es realmente lo más notable que he conocido. ¿Cómo lo consiguió?

—Supongo, doctor, que puede distinguir el cráneo de un negro del de un esquimal, ¿no es así?

—Sin lugar a dudas.

—¿Pero cómo lo haría?

—Porque se trata de mi afición favorita. Las diferencias son claras. La cresta supraorbital, el ángulo facial, la curva del maxilar, el...

—Pues ésta es mi afición predilecta y las diferencias también son claras. Ante mis ojos existe una gran diferencia entre la composición del tipo de nueve puntos americano de un artículo del *Times* y la impresión descuidada de un periódico de la tarde de medio penique; tanta como la que puede haber entre su negro y su esquimal. La detección de tipos es una de las ramas más elementales de los conocimientos de un experto en criminología, aunque deba confesar que una vez, cuando era muy joven, confundí el *Leeds Mercury* con el *Western Morning News,* pero un editorial del *Times* es totalmente distinto y estas palabras no pueden haber sido recortadas de ningún otro. Puesto que la carta fue hecha ayer, la mayor probabilidad era que encontráramos las palabras en la edición de ayer.

—Según puedo deducir de sus palabras, señor Holmes, entonces alguien recortó las palabras para este mensaje con unas tijeras... —dijo *sir* Henry Baskerville.

—Con unas tijeras de uñas —dijo Holmes—. Podrá verificar que eran tijeras de hoja muy corta, ya que la persona que cortó las letras tuvo que hacerlo dos veces en la palabra "aléjese".

—Así es. Entonces, alguien recortó el mensaje con unas tijeras de hoja corta, las pegó con pegamento...

Con goma —dijo Holmes.

—Con goma encima del papel. Pero me gustaría saber una cosa: ¿por qué han tenido que escribir a mano la palabra "páramo"?

—Porque no la pudo encontrar en el editorial del periódico. Todas las otras palabras eran corrientes y se podían encontrar en cualquier edición, pero "páramo" ya no era tan usual.

—Pues sí, es una buena explicación. ¿Ha deducido algo más de este mensaje, señor Holmes?

—Hay una o dos pistas, aunque se haya tenido el mayor cuidado para evitar cualquier indicio. La dirección, como puede ver, está escrita con una mala caligrafía. Pero el *Times* es un periódico que solamente compra y lee gente con una cierta cultura. Por lo tanto, podemos inferir que la carta fue compuesta por una persona culta que deseaba pasar por lo contrario, y sus esfuerzos para ocultar su propia letra sugieren que usted podría reconocer o venir a reconocer la letra. Asimismo, podrá verificar que las palabras no están pegadas en línea recta, sino que unas están mucho más arriba que otras. "Vida", por ejemplo, está más bien fuera de su lugar. Esto puede significar descuido o nerviosismo y prisa por parte de quien las recortó. Pero en total opto por esta última deducción, puesto que el asunto sin duda era de importancia y no es de creer que quien compuso la carta fuera negligente. Si se trataba de prisa, nos surge la pregunta: ¿por qué tenía prisa?, ya que una carta depositada en correos a primera hora de la mañana llegaría a *sir* Henry antes de que abandonara su hotel. ¿Sería que el que compuso la carta tenía miedo de que alguien le interrumpiera? ¿Quién podría interrumpirle?

—Ahora hemos llegado más bien al campo de las hipótesis —dijo el doctor Mortimer.

—Digamos más bien al campo donde se sopesan las probabilidades y se selecciona la más factible. Es el empleo científico de la imaginación, pero siempre disponemos de alguna base material por donde dar comienzo a las conjeturas. En este momento a usted le llamará la atención esta suposición, no lo dudo, pero casi estoy seguro de que esta dirección fue escrita en un hotel.

—¿Cómo puede usted afirmar una cosa así?

—Si la analiza cuidadosamente, verificará que tanto la pluma como la tinta causaron dificultades al escribiente. La pluma chisporroteó dos veces en la misma palabra y tres veces se agotó la tinta en una dirección tan corta. Lo cual indica que el tintero estaba casi vacío. Si pensamos un poco llegamos a la conclusión de que raras veces ocurren ambas cosas en una casa particular, pero sabemos que eso es harto frecuente en los hoteles, si es que disponen de estos útiles. La verdad es que no será una gran osadía si afirmo que, si inspeccionáramos las papeleras de los hoteles que hay junto a Charing Cross hasta encontrar lo que queda del editorial del *Times* que fue recortado, podríamos encontrar inmediatamente a la persona que envió esta extraña misiva. ¡Vaya! ¡Vaya! ¿Y esto qué es?

Holmes estaba examinando cuidadosamente la cuartilla sobre la cual estaban pegadas las palabras, acercándola mucho a sus ojos.

—¿Qué es el qué?

—Nada —dijo bajando el papel—. Se trata de media hoja de papel sin marca ni filigrana. Creo que hemos sacado todo lo que era posible de esta curiosa carta; y ahora, otra pregunta, *sir* Henry. Desde que se encuentra en Londres, ¿le ha pasado alguna cosa que sea de interés?

—No, señor Holmes. Creo que no

—¿No ha visto si alguien le observaba o incluso le seguía?

—Siento como si me hubiera introducido en el centro de una novela barata —dijo nuestro visitante—. ¿Por qué diablos tendría alguien que seguirme o incluso vigilarme?

—Eso ya lo veremos. ¿No hay nada que nos quiera contar antes de que entremos en este asunto?

—Pues depende de lo que usted estime que vale la pena ser contado.

En los labios de *sir* Henry se esbozó una sonrisa.

—Aún no conozco muy bien la vida en Inglaterra, ya que he pasado casi toda mi vida en Estados Unidos y Canadá. Pero espero que el perder una de sus botas no formará parte de la rutina corriente de este país.

—¿O sea, que usted ha perdido una de sus botas?

—Mi estimado señor —exclamó el señor Mortimer— solamente se ha extraviado. Ya la encontrará cuando esté de vuelta en el hotel. ¿Para qué molestar al señor Holmes con trivialidades de este tipo?

—Bueno, es que él me pidió que le contara algo que se saliera de lo rutinario.

—Precisamente —dijo Holmes—. Sin embargo, por bagatela que pueda parecer el incidente, siempre tiene interés. O sea, que ha perdido usted una de sus botas, ¿no es así?

—Perdida o extraviada. La noche pasada coloqué mis botas en el pasillo, junto a la puerta de mi habitación, y esta mañana solamente encontré una. Pregunté al chico que se encarga de limpiarlas pero no supo decir lo que había pasado. Lo peor de todo es que se trataba de un par que acababa de comprar en el Strand, precisamente ayer al final de la tarde, y no llegué ni a ponérmelas.

—Si eran nuevas, sin usar, ¿por qué las dejó fuera para que se las limpiaran?

—Eran unas botas de color y nunca habían sido bruñidas. Por eso las dejé en el pasillo.

—¿Debo entonces deducir que ayer, después de llegar a Londres, salió de inmediato y compró un par de botas?

—Hice bastantes compras, siempre acompañado por el doctor Mortimer. Comprenderá que si voy a ser un hacendado, debo vestirme de acuerdo con mi posición, y es posible que el Oeste haya descuidado un poco mi aspecto. Entre otras cosas, compré esas botas marrones —me han costado seis dólares— y la verdad es que antes de ponérmelas ya me han robado una.

—Me parece algo inútil pensar en el robo —dijo Sherlock Holmes—. Confieso que comparto la opinión del doctor Mortimer de que no tardará mucho en aparecer su bota.

—Bueno, pues ahora, señores —dijo el joven con aire decidido—, me parece que ya he hablado mucho sobre

lo poco que conozco. Llegó el momento de que relaten lo sucedido, tal y como nos lo habían prometido.

Incitado por estas palabras, nuestro experto sacó sus papeles del bolsillo y presentó todo el caso tal y como lo había hecho la mañana anterior. *Sir* Henry Baskerville le escuchó con la más profunda atención, mostrando de vez en cuando su sorpresa.

—Me parece que mi herencia viene acompañada de una venganza —dijo *sir* Henry al terminarse el largo relato—. Naturalmente que había oído hablar del dogo cuando todavía no era más que un niño. Es el cuento predilecto de la familia. Pero con la muerte de mi tío... todo ello parece trastornar mi mente y no lo veo nada claro. También me inclino a pensar que usted no ha decidido muy bien si es un caso para la policía o para un sacerdote.

—En eso tiene usted razón.

—Y ahora tenemos este asunto de la carta que me han mandado al hotel. Supongo que esto tiene también algo que ver.

—Parece indicar que hay alguien que sabe más que nosotros sobre lo que ocurre en el páramo —dijo el doctor Mortimer.

—Y, además —dijo Holmes—, que hay alguien que no desea su mal, ya que le avisa del peligro.

—O puede que pretendan alejarme para conseguir sus propósitos.

—Sí, también es una hipótesis a considerar. Le agradezco mucho, doctor Mortimer, que me haya traído un problema que presenta varias alternativas de interés. Pero ahora lo que tenemos que decidir, *sir* Henry, es si es o no aconsejable que usted vaya a la mansión de los Baskerville.

—¿Es que no debería ir?

—Parece que es peligroso.

—¿A qué peligro se refiere? ¿Al del demonio que tiene

atemorizada a esta familia o al de los seres humanos?

—Pues eso es lo que tenemos que descubrir.

—Sea lo que sea, mi contestación es clara. No existe demonio en el infierno, señor Holmes, ni ningún hombre sobre la tierra que me pueda impedir que vaya a la casa de mis antepasados, y esto lo puede considerar como mi decisión inquebrantable.

Mientras hablaba fruncía sus negras cejas y su rostro enrojecía. Era evidente que el agrio carácter de los Baskerville no se había extinguido, sino que permanecía bien marcado en su último representante.

—Mientras tanto —prosiguió—, aún no he tenido tiempo suficiente para pensar en todo lo que me ha dicho. Es demasiado para que un hombre pueda entender y decidir así tan de repente. Preferiría tomarme una hora para poder pensar. Veamos, señor Holmes, en este momento son las once y media y me dirigiré directamente a mi hotel. Me alegraría que usted y el doctor Watson vinieran a las dos a comer con nosotros. ¿Podrá ser? Entonces le podré decir con más claridad cómo enfocaré todo esto.

—¿Le parece bien a usted, Watson?

—Por mí no hay ningún inconveniente.

—Entonces cuente con nosotros. ¿Quiere que llame a un coche?

—Preferiría caminar, ya que todo este asunto me ha dejado la cabeza bastante pesada.

—Será un placer acompañarle en su paseo —dijo su compañero.

—Pues entonces nos reuniremos a las dos. Buenos días y hasta pronto.

Oímos los pasos de nuestros visitantes cuando bajaban por la escalera y el ruido de la puerta que se cerraba cuando salían. De inmediato hubo un cambio en la expresión de Holmes. Dejó de ser el lánguido soñador para convertirse en un hombre de acción.

—Rápido, Watson, coja su sombrero y sus botas. ¡No hay ni un minuto que perder!

Se dirigió corriendo a sus aposentos y en pocos segundos volvió enfundado en su levita. Bajamos corriendo la escalera y nos encontramos en la calle. Aún se podía ver al doctor Mortimer y a *sir* Henry a unas doscientas yardas delante de nosotros, dirigiéndose hacia Oxford Street.

—¿Quiere que vaya corriendo y los detenga?

—Por nada del mundo, mi querido Watson. Tengo bastante con su compañía, si es que acepta la mía. Nuestros amigos han tenido una buena idea, ya que la mañana está estupenda para dar un paseo.

Aceleró el paso hasta reducir la distancia que nos separaba en casi la mitad. Entonces, manteniéndose detrás de ellos unas cien yardas, seguimos por Oxford Street y bajamos hasta Regent Street. Nuestros amigos se detuvieron para contemplar el escaparate de una tienda, y Holmes hizo lo mismo. Habían transcurrido unos instantes cuando Holmes soltó un grito de júbilo y, siguiendo la dirección de su mirada, pude ver que un cabriolé que se había detenido al otro lado de la calle se volvía a poner lentamente en marcha.

—Ya tenemos a nuestro hombre. ¡Vamos, Watson! Creo que conseguiremos verle la cara.

En ese momento pude vislumbrar una espesa barba negra y un par de ojos penetrantes que nos escrutaban detrás de la ventanilla lateral del coche. De inmediato se abrió la ventanilla de arriba y se oyó que alguna frase era dirigida al cochero. El coche salió corriendo por Regent Street. Holmes miró alrededor buscando otro coche, pero no se veía ninguno que estuviera desocupado. Entonces salió disparado por entre la corriente del tráfico, persiguiendo al cabriolé, pero éste le llevaba mucha ventaja y la verdad es que ya se había perdido de vista.

—¿Y ahora qué? —dijo Holmes cuando surgió jadeante y pálido de desesperación de entre la marea de vehículos—. ¿No es mala suerte? ¡Watson, mi querido Watson, si quiere ser coherente ya puede anotar también esto para contrarrestar mis éxitos!

—¿Quién era ese hombre?

—No tengo la menor idea.

—¿Sería un espía?

—Bueno, lo que está claro por lo que hemos oído es que Baskerville ha estado siendo vigilado por alguien desde que llegó a la ciudad. ¿Quién podría saber tan rápidamente que él había elegido el hotel Northumberland? Si lo han seguido desde el primer día, pensé que también lo seguirían en el segundo. Habrá visto que miré dos veces por la ventana mientras el doctor Mortimer estaba leyendo la narración legendaria.

—Claro que me acuerdo de haberle visto mirar hacia fuera.

—Estaba buscando a alquien que merodeara por la calle, pero no vi a nadie. Nos hemos encontrado con un hombre listo, Watson. El asunto está bien enredado y, aunque en definitiva yo aún no he deducido si se trata de un intento benévolo o malévolo el que nos ocupa, siempre soy consciente del poder y de la intención. Cuando nuestros amigos salieron de mi casa, los seguí de inmediato con la esperanza de identificar a su invisible perseguidor. Éste era tan astuto que no confió en ir a pie, sino que se ocultó en un coche, de modo que los podía seguir y, en caso de necesidad, escapar para que no se dieran cuenta de ello. Su sistema tiene además la ventaja de que, si ellos hubiesen tomado un coche, él estaba preparado para seguirles. No obstante, existe una clara desventaja.

—Que queda a merced de lo que haga el cochero.

—Exactamente.

—¡Siento que no hayamos podido anotar el número del coche!

—Mi querido Watson, no irá a creer en serio que, aunque yo hubiese estado muy torpe, se me olvidaría coger el número. Nuestro coche es el 2704. Pero esto, por el momento, no nos servirá de nada.

—Pues, para serle sincero, no veo qué más podría usted haber hecho.

—Al ver el coche, lo que yo debería haber hecho es girarme y caminar en sentido contrario. Entonces, con calma, habría alquilado otro coche y habría seguido al coche que nos interesa a distancia prudencial, o mejor aún, hubiera dicho al cochero que siguiera hacia el hotel Northumberland y aguardara allí. Cuando nuestro desconocido hubiese seguido a Baskerville hasta su domicilio, habríamos tenido la oportunidad de jugar con sus mismas cartas y le habríamos seguido después para ver dónde terminaba su recorrido. Tal como hemos actuado, debido a una indiscreta impaciencia que fue contestada por nuestro oponente con extraordinaria rapidez y energía, nos hemos delatado y hemos perdido a nuestro hombre.

Mientras hablábamos, íbamos caminando lentamente por Regent Street, y el doctor Mortimer y su compañero hacía mucho que habían desaparecido de nuestra vista.

—No hay por qué seguirles —dijo Holmes—. El espía se ha marchado y ya no volverá. Tenemos que ver qué otras cartas tenemos en la mano y jugarlas con decisión. ¿Pudo usted reconocer la cara de ese hombre dentro del coche?

—Solamente podría reconocer la barba.

—Eso, también yo, pero me temo que se trataba de una barba postiza. Un hombre astuto que se dedica a una actividad tan delicada, suele usar barba postiza para ocultar sus facciones. ¡Watson, entremos un momento!

Entró en una de las agencias de mensajeros del distrito, donde fue amistosamente saludado por el gerente.

—¡Vaya, Wilson, veo que no ha olvidado usted aquel

pequeño caso en el que tuve la suerte de serle útil!

—¡Claro, señor, cómo iba a olvidarlo! Usted ha salvado mi buen nombre y quizá mi vida.

—Mi buen amigo, está usted exagerando. Si mal no recuerdo, Wilson, entre sus muchachos había un chico llamado Cartwright que demostró ser bastante hábil durante la investigación.

—Sí, señor, y aún sigue trabajando para nosotros.

—¿Le molestaría si le ruego que lo llame? ¡Gracias! También le ruego que me dé cambio de un billete de cinco libras.

A la llamada del gerente, compareció un chico de unos catorce años, de rostro amable y astuto. Se inclinó con gran respeto ante el famoso detective.

—¿Podría dejarme la *Guía de Hoteles?*—dijo Holmes—. ¡Muchas gracias! Bien, Cartwright, aquí están los nombres de veintitrés hoteles, todos en las proximidades de Charing Cross. ¿Los ves?

—Sí, señor.

—Vas a visitarlos uno por uno.

—Sí, señor.

—En cada uno de ellos empezarás por dar al portero un chelín. Aquí están veintitrés chelines.

—Sí, señor.

Les dirás que quieres ver los papeles que se han tirado ayer a la basura. Argumentarás que se ha perdido un importante telegrama y que lo estás buscando. ¿Lo entiendes?

—Sí, señor.

—Pero lo que realmente vas a buscar es la página central del *Times* con algunos recortes hechos con unas tijeras. Aquí está un ejemplar del *Times*. Es esta página la que nos interesa. ¿Verdad que te será fácil encontrarla?

—Sí, señor.

—En cada hotel el portero llamará al conserje, al cual darás otro chelín. Aquí tienes veintitrés chelines más.

Seguramente en unos veinte de los veintitrés hoteles te dirán que la basura de la víspera ha sido quemada o retirada. En los tres casos que queden te enseñarán un montón de papeles, en el cual buscarás esta página del *Times*. Existen muy pocas probabilidades de que la encuentres. Te dejo diez chelines más por si te hacen falta. Luego me envías un telegrama con tu informe a Baker Street antes del anochecer. Y ahora, Watson, solamente nos queda telegrafiar para conocer la identidad del cochero número 2704 y luego nos meteremos en una de las galerías de arte de Bond Street para matar el tiempo hasta la hora de presentarnos en el hotel.

V

TRES HILOS ROTOS

Sherlock Holmes poseía un gran poder para distraer su espíritu según se le antojaba. Durante dos horas pareció que el misterioso asunto que teníamos entre manos estaba olvidado y que él se encontraba totalmente absorbido por los lienzos de los modernos pintores belgas. No hablaba de nada más que no fuera del arte, sobre el cual tenía unas ideas muy suyas, hasta que nos encontramos en el hotel Northumberland.

El conserje nos informó:

—*Sir* Henry Baskerville les aguarda arriba. Me pidió que les condujera a sus aposentos tan pronto como llegaran.

—¿Me permitiría que eche una mirada al libro de entradas de huéspedes? —preguntó Holmes.

—Por supuesto que sí.

En el libro se podían ver dos nombres registrados después del de Baskerville. Uno era el de Teophilus Johnson y familia, de Newcastle, y el otro el de la señora Oldmore y su criada, de High Lodge, Alton.

—Ciertamente, se trata del mismo Johnson que yo he conocido —dijo Holmes al portero—. ¿No será un abogado con canas y con cojera?

—No, señor, éste es el señor Johnson, dedicado al negocio de carbones, un caballero muy activo que tendrá más o menos su edad.

—¿Seguro que no se equivoca en cuanto a su profesión?

—Estoy seguro, señor. Hace años que viene a este hotel y le conocemos muy bien.

—Bueno, entonces me había equivocado. También me parece recordar el nombre de la señora Oldmore. Perdone mi curiosidad, pero muchas veces, al venir a ver a un amigo, se encuentra también a otro.

—Esta dama es inválida. Su marido ha sido alcalde de Gloucester. Cuando ella viene a Londres, siempre se aloja en nuestro hotel.

—Muchas gracias, pero me temo que no la conozco. Con estas preguntas hemos determinado un hecho muy importante, Watson —prosiguió Holmes bajando la voz, mientras juntos subíamos las escaleras—. Ahora sabemos que la persona que está tan interesada en nuestro amigo no se ha alojado en este hotel. Eso quiere decir que, aunque estén muy dedicados a vigilarle, también tienen interés en que él no los vea. No hay duda de que se trata de un hecho de lo más significativo.

—¿Qué quiere decir con eso?

—Quiero decir..., pero, vaya, mi querido amigo, ¿qué le ocurre?

Cuando llegamos arriba nos encontramos con el propio *sir* Henry Baskerville. Su expresión era de ira y en una de las manos llevaba una vieja y sucia bota. Estaba tan enfurecido que le era difícil hablar, y cuando lo hizo fue en un dialecto más cerrado y más del Oeste que el que le habíamos oído por la mañana.

—Me parece que en este hotel la gente piensa que soy tonto —exclamó—. A menos que vayan con cuidado, verán que se han equivocado de hombre. ¡Por mil demonios! Si ese chico no consigue encontrar mi bota habrá problemas aquí. Puedo admitir una broma, señor Holmes, pero en esta ocasión se están pasando de la raya.

—¿O sea, que sigue buscando su bota?

—Sí, señor, y seguro que acabaré por encontrarla.

—Pero, vamos a ver, ¿no había dicho que era una bota marrón y que estaba nueva?

—Así es, señor. Y ésta es negra y vieja.

—¡Vaya, vaya! ¿Quiere decir que...?

—Es exactamente lo que quiero decir. Solamente tenía tres pares: las nuevas de color marrón, unas negras viejas y las de cuero que llevo puestas. La pasada noche me quitaron una de las marrones y hoy me robaron una de las negras. ¿Lo entiende? ¿La ha encontrado? ¡Hable, hombre, y no se quede ahí pasmado!

Acababa de aparecer un camarero alemán, con aire agitado.

—No, señor; he preguntado por todo el hotel pero nadie me pudo dar una contestación.

—Bueno, pues quedamos en que la bota aparece antes de la puesta del sol o iré a ver al gerente para decirle que me marcho de inmediato del hotel.

—La encontraré, señor. Le prometo que si tiene usted un poco de paciencia, la bota aparecerá.

—Pues no lo olvide, ya que es la última cosa que perderé en este nido de ladrones. Me perdonará, señor Holmes, que le esté importunando con esta insignificancia...

—Por el contrario, creo que no es ninguna insignificancia.

—¿Por qué lo ve usted de un modo tan serio?

—Si no, ¿cómo lo explica usted?

—Es que ya no intento aclararlo. Me parece sencillamente la cosa más desagradable, más necia que me ha ocurrido en mi vida.

—Me quedaría con lo de más extraña, quizá —dijo Holmes hablando despacio.

—Usted ¿qué piensa?

—De momento aún no veo ninguna explicación. Su caso es muy complicado, *sir* Henry. Cuando se mira en conexión con la muerte de su tío, no estoy muy seguro de si, de los quinientos casos de mayor importancia de que me he ocupado, éste no será el más enmarañado. Pero tenemos en nuestras manos varios hilos de la trama y las probabilidades son de que uno de ellos nos conducirá hacia la verdad. Puede que perdamos el tiempo siguiendo uno que es equivocado, pero más pronto o más tarde encontraremos el bueno.

La comida fue muy amena y se habló poco del asunto que nos había reunido. Solamente cuando ya nos encontrábamos en el salón privado, Holmes preguntó a Baskerville cuáles eran sus proyectos.

—Irme a la mansión de los Baskerville.

—¿Cuándo lo hará?

—A finales de esta semana.

—En conclusión —dijo Holmes—, creo que su decisión es perfecta. Tenemos pruebas cabales de que le están vigilando en Londres, y entre los millones de habitantes de esta gran ciudad se hace difícil descubrir quiénes son y cuáles puedan ser sus propósitos. Si van con malas intenciones puede que le hagan daño, y usted no podrá impedirlo. ¿Sabe usted, doctor Mortimer, que cuando salieron ustedes de mi casa esta mañana les iban siguiendo?

—¡Seguidos! ¿Por quiénes? —replicó el doctor Mortimer con acritud.

—Lamento no poder contestarle. ¿Tiene usted entre sus conocidos o vecinos en Dartmoor algún hombre con una espesa barba negra?

—No... Espere, déjeme pensar... Sí, es verdad, es Barrymore, el mayordomo de *sir* Charles, tiene una espesa barba negra.

—¡Vaya, vaya! ¿Dónde está Barrymore?

—Está de encargado de la mansión.

—Lo mejor que podemos hacer es asegurarnos de si realmente se encuentra allí o si existe alguna posibilidad de que esté en Londres.

—¿Cómo lo hará?

—Déme un impreso de telegrama. "¿Está todo listo para recibir a *sir* Henry?" Con esto hay bastante. Diríjalo al señor Barrymore, mansión de los Baskerville. ¿Cuál es la oficina de telégrafos más cercana? Grimpen. Muy bien, enviaremos un segundo telegrama al jefe de correos de Grimpen: "Telegrama para el señor Barrymore, para entregar en mano. Si está ausente, sírvase devolverlo a *sir* Henry Baskerville, hotel Northumberland". Así, antes del anochecer sabremos si Barrymore está o no en su puesto en Devonshire.

—Así es —dijo Baskerville—. A propósito, doctor Mortimer, ¿quién es este Barrymore?

—Es hijo de un viejo casero que murió. Ahora hace cuatro generaciones que se ocupan de cuidar de la mansión. Por lo que sé, él y su mujer son un matrimonio tan respetable como cualquier otro de la región.

—Al mismo tiempo —dijo Baskerville—, está bastante claro que mientras nadie de la familia viva en la mansión, esta gente tiene un buen hogar sin hacer nada.

—Eso es verdad.

—¿Ha sido Barrymore incluido en el testamento de *sir* Charles? —preguntó Holmes.

—Dejó quinientas libras a cada uno de los esposos.

—¡Ya! ¿Sabían que las iban a recibir?

—Sí, *sir* Charles era muy aficionado a hablar sobre las disposiciones de su testamento.

—Eso es muy interesante.

—Espero —dijo el doctor Mortimer— que no verá usted como sospechoso a alguien que recibió un legado de *sir* Charles, ya que a mí también me ha dejado mil libras.

—¿De verdad? ¿A alguien más?

—Dejó varias sumas insignificantes a algunas personas y a un gran número de entidades benéficas. Todo lo restante quedó para *sir* Henry.

—¿Y cuánto es todo lo restante?

—Setecientas cuarenta mil libras.

Holmes frunció las cejas con aire de sorpresa.

—No tenía ni idea de que se tratara de una cantidad tan importante —dijo.

—*Sir* Charles tenía fama de ser rico, pero desconocía lo rico que era hasta que examinamos sus bienes. El valor total de los bienes se acercaba al millón.

—¡Dios mío! Es un bocado por el cual cualquiera pagaría bien para conseguirlo. Una pregunta más. Suponiendo que algo le ocurriera a su amigo, perdone esta desagradable hipótesis, ¿quién heredaría los bienes?

—Puesto que Rodger Baskerville, el hermano menor de *sir* Charles, murió soltero, los bienes pasarían a los Desmond, que son primos lejanos. James Desmond es un viejo sacerdote en Westmorland.

—Gracias. Todos estos detalles tienen mucho interés. ¿Conoce al señor James Desmond?

—Sí; una vez vino a visitar a *sir* Charles, aunque éste le presionó para que lo hiciera.

—Y este hombre de gustos sencillos, ¿sería el heredero de *sir* Charles?

—Sería el heredero de la propiedad, porque está vinculada. También heredaría el dinero, a no ser que el actual propietario disponga otra cosa, ya que, como es obvio, puede hacer lo que quiera con él.

—¿Ha hecho usted su testamento, *sir* Henry?

—No, señor Holmes, no lo he hecho. No he tenido tiempo, ya que solamente ayer tuve conocimiento de todo. Pero, en cualquier caso, creo que el dinero debe estar unido al título y a la propiedad. Ésa era la idea de mi pobre tío. ¿Cómo podrá el propietario restaurar la gloria de los Baskerville si no dispone de dinero suficiente para mantener la propiedad? Casa, terreno y dinero tienen que quedar juntos.

—Así es. Bueno, *sir* Henry, comparto su opinión sobre el acierto de que vaya a Devonshire sin demora. Solamente pongo una condición: que no debe ir solo.

—El doctor Mortimer irá conmigo.

—Pero el doctor Mortimer tiene que atender a su consulta, y su casa está a millas de distancia de la suya. Por muy buena voluntad que tenga, no podrá ayudarle. No, *sir* Henry, tiene que llevarse a alguien con usted, una persona de confianza que esté siempre a su lado.

—¿No le será posible acompañarme, señor Holmes?

—Si las cosas llegaran a tal extremo, procuraría ir; pero, como podrá comprender, con mi intenso trabajo de asesoramiento y con las constantes llamadas que me llegan de muchos puntos, me resulta imposible ausentarme de Londres por tiempo indefinido. En este momento uno de los nombres más considerados de Inglaterra está siendo mancillado por un chantajista y solamente yo puedo detener un escándalo terrible. Ya puede ver que es imposible marcharme a Dartmoor.

—¿Entonces quién me recomendaría usted?

Holmes apoyó su mano sobre mi hombro.

—Si mi amigo desea hacerlo, no existe nadie mejor para estar a su lado cuando se vea en una encerrona. Nadie se lo puede recomendar con más confianza que yo.

Esta sugerencia me cogió totalmente desprevenido, pero antes de que tuviera tiempo de contestar, Baskerville me estrechó la mano vigorosamente.

—Es una gran gentileza de su parte, doctor Watson —dijo él—. Usted ya me conoce y sabe tanto del asunto como yo. Si quiere venir a la mansión de los Baskerville para ayudarme, jamás lo olvidaré.

La perspectiva de una aventura siempre me ha fascinado y me sentí alagado por las palabras de Holmes y por el deseo que el joven demostró en tenerme por compañero.

—Será un placer acompañarle —dije—. No sabría emplear mejor mi tiempo.

—Y me tendrá bien al corriente —dijo Holmes—. Cuando surja el momento crítico, que surgirá, le daré instrucciones sobre cómo hay que actuar. Supongo que el sábado todo estará listo, ¿no es así?

—¿Le parece bien, doctor Watson?

—Muy bien.

—Entonces el sábado, a menos que se le comunique otra cosa, nos encontraremos en el tren de las 10.30 de Paddington.

Nos habíamos levantado para marcharnos, cuando Baskerville soltó una exclamación de júbilo y, dirigiéndose corriendo hacia uno de los rincones de la sala, sacó de debajo de un armario una bota marrón.

—¡La bota que me faltaba! —exclamó.

—¡Ojalá todos los demás problemas se resuelvan con tanta facilidad! —dijo Sherlock Holmes.

—Pero esto es algo muy extraño —observó el doctor Mortimer—. Antes de comer examiné atentamente esta sala.

—Yo también estuve aquí buscando —dijo Baskerville—. No quedó rincón por mirar.

—Entonces, lo más seguro es que no estuviera la bota.

—En ese caso, el criado la habrá puesto aquí mientras estábamos comiendo.

Se llamó al alemán, pero este declaró desconocer el asunto, y por más que se investigó no se pudo sacar nada en claro. Se había añadido otro episodio a esa constante y aparentemente inútil serie de pequeños misterios que habían acaecido tan rápidamente uno tras otro. Independientemente de la triste historia de la muerte de *sir* Charles, teníamos una serie de incidentes inexplicables en el corto período de dos días, que incluía la recepción de la carta hecha con palabras recortadas del periódico, el espía de barba negra en el cabriolé, la pérdida de la bota marrón nueva, la pérdida de la vieja bota negra y la devolución de la bota marrón nueva.

Cuando volvíamos en coche a Baker Street, Holmes iba sentado en silencio y pude ver en sus párpados y en la expresión sagaz de su rostro que su mente, al igual que la mía, estaba ocupada intentando dibujar una imagen donde encajar todos estos episodios que parecían no tener relación.

Holmes se pasó toda la tarde y parte de la noche sentado entre tabaco y pensamientos.

Justamente antes de la cena llegaron dos telegramas. El primero decía:

Acabamos de saber que Barrymore está en la mansión — BASKERVILLE.

Y el segundo:

De acuerdo instrucciones visité veintitrés hoteles, pero lamento comunicar imposible encontrar hoja cortada de Times *— CARTWRIGHT.*

—He perdido dos de mis hilos, Watson. No hay nada más alentador que un caso en el cual todo está en contra tuya. Tenemos que dar un rodeo para encontrar otra pista.

—Aún tenemos el cochero que conducía al espía.

—Eso es. He telegrafiado al Registro Oficial para que me facilitaran su nombre y dirección. No me sorprendería si he aquí la contestación a mi pregunta.

El sonar del timbre demostró que había algo más agradable que una contestación, ya que se abrió la puerta y un hombre de aire tosco entró, y sin duda se trataba de nuestro hombre.

—Recibí el mensaje de la oficina central de que un caballero en esta dirección había hecho preguntas sobre el 2704 —dijo—. Hace siete años que conduzco mi coche y hasta hoy no tuve ninguna queja. Vine directamente desde la central para preguntarle en persona de qué se me acusa.

—No tengo nada en contra suya, buen hombre —dijo Holmes—. Por el contrario, le daré media libra si es capaz de contestar con claridad a algunas preguntas.

—Bueno, parece que hoy no voy descaminado —dijo el cochero guiñando un ojo—. ¿Qué desea preguntarme, señor?

—En primer lugar, desearía que me diera su nombre y dirección, por si acaso le vuelvo a necesitar.

—Me llamo John Clayton y vivo en el número 3 de Turpey Street, en Borough. Mi coche está en la cochera de Shipley, cerca de la estación de Waterloo.

Sherlock Holmes anotó estos datos.

—Ahora, Clayton, hábleme de la carrera que hizo cuando estuvo espiando esta casa a las diez de la mañana y luego siguió a dos caballeros hasta Regent Street.

El hombre pareció sorprendido y algo turbado.

—No creo que valga la pena decirle nada, ya que parece que usted ya sabe más que yo —dijo—. La verdad es que aquel caballero me dijo que era detective y que yo no debería contar nada a nadie.

—Mi buen amigo, se trata de un asunto muy grave y

puede que se encuentre en muy mala situación si intenta ocultarme algo. ¿Dice que su ocupante le dijo que era detective?

—Eso es lo que me dijo.

—Y ¿cuándo se lo dijo?

—Cuando bajó del coche.

—¿Y no dijo nada más?

—Me dio su nombre.

—¡Vaya! O sea, que le dio su nombre, ¿no es así? ¡Qué imprudencia! ¿Cómo se llamaba él?

—Pues se llamaba —dijo el cochero— señor Sherlock Holmes.

Nunca había visto a mi amigo más desconcertado que cuando oyó la contestación del cochero. Durante unos minutos permaneció en silencio. Luego se puso a reír con ganas.

—¡Un detalle, Watson..., no se puede negar que es todo un detalle! —dijo—. Creo que tiene una mente tan rápida y tan flexible como la mía. Esa vez salió muy airoso. O sea, que su nombre era Sherlock Holmes, ¿no es así?

—Sí, señor, ése era el nombre del caballero.

—¡Excelente! Y, ahora, dígame dónde lo recogió y todo lo que ha pasado.

—Me paró a las nueve y media en Trafalgar Square. Dijo que era detective y me ofreció dos guineas si hacía todo lo que me mandara durante el día sin hacer preguntas. Sin duda, la proposición era buena, así que acepté. Primero fuimos al hotel Northumberland y aguardamos hasta que salieron dos caballeros y cogieron un coche de la parada. Les seguimos hasta que se detuvieron cerca de aquí.

—En esta misma puerta —dijo Holmes.

—Bueno, tanto no puedo asegurarle, pero me atrevo a decir que mi pasajero sí que sabía bien lo que hacía. Bajamos hasta la mitad de la calle y aguardamos como una hora y media. Luego pasaron junto a nosotros dos caballeros a pie, y los seguimos por Baker Street y a lo largo...

—Eso ya lo sé —dijo Holmes.

—Hasta encontrarnos a tres manzanas de Regent Street. Entonces mi pasajero abrió la ventanilla de arriba y me dijo que me dirigiera directamente hacia la estación de Waterloo lo más rápido que me fuera posible. Hostigué el caballo y llegamos en unos diez minutos. Me pagó las dos guineas, como estaba mandado, y entró en la estación. Cuando iba a marcharse, se dio la vuelta y dijo: "Puede que le interese saber que condujo al señor Sherlock Holmes". Fue así como supe su nombre.

—Ya lo veo. ¿Y no ha vuelto a encontrarle?

—No, señor, no le he vuelto a ver después de que entró en la estación.

—¿Cómo describiría usted al señor Sherlock Holmes?

El cochero se rascó la cabeza y terminó diciendo:

—Bueno, la verdad es que no es un caballero fácil de describir. Podría tener unos cuarenta años de edad, de altura media, dos o tres pulgadas más bajo que usted, señor. Iba muy atildado, llevaba barba negra con la punta recortada en cuadrado y era de rostro pálido. Creo que es todo lo que puedo decir.

—¿Vio el color de sus ojos?

—No, eso no se lo puedo decir porque no me fijé.

—¿No hay nada más que pueda recordar?

—No, señor, no recuerdo nada más.

—Muy bien, aquí está su media libra. Le daré otra media si puede traerme más información. ¡Buenas noches!

—Buenas noches, señor, y muchas gracias.

John Clayton se marchó con una risita y Holmes se volvió hacia mí, encogiéndose de hombros y con una mueca de malicia.

—Se nos fue nuestro tercer hilo y volvimos a donde estábamos al principio —dijo—. ¡Qué pillo más astuto! Sabía nuestro número, sabía que *sir* Henry Baskerville me vino a consultar, descubrió quién era yo en Regent Street, dedujo que yo había anotado el número del coche y que buscaría al cochero y por eso mandó este osado mensaje. Le debo decir, Watson, que esta vez nos hemos encontrado con un enemigo que sabe competir con nosotros en astucia. En Londres hemos llegado a un callejón sin salida. Solamente le puedo desear mejor suerte en Devonshire. Pero no estoy muy seguro de ello.

—¿De qué no está seguro?

—De enviarle a usted. Se trata de un asunto muy peligroso, Watson, un asunto muy peligroso, y cuanto más lo observo, menos me gusta. Sí, mi querido amigo, puede que se ría, pero le doy mi palabra de que me gustaría verle una vez más volver a Baker Street sano y salvo.

VI

La mansión de los Baskerville

El día convenido, *sir* Henry Baskerville y el doctor Mortimer estaban listos, y partimos como estaba dispuesto hacia Devonshire. Sherlock Holmes me condujo a la estación y me dio los últimos consejos de despedida.

—No quiero predisponer su mente sugiriendo teorías o sospechas, Watson —me dijo—, solamente deseo que me comunique los hechos del modo más completo que le sea posible, y que me deje hacer las deducciones.

—¿Qué tipo de hechos? —pregunté.

—Todo aquello que parezca que tiene un significado, aunque sea indirecto, en el caso, y en especial las relaciones entre el joven Baskerville y sus vecinos, o cualquier detalle reciente relacionado con la muerte de *sir* Charles. Yo mismo he hecho algunas investigaciones estos últimos días, pero me temo que los resultados han sido negativos. Solamente hay una cosa que parece cierta, y es que el señor James Desmond, que es el siguiente heredero, es un caballero de edad avanzada de carácter muy afable, de forma que esta persecución no surge de él. Para ser sincero, pienso que lo podemos eliminar totalmente de nuestras pesquisas. Queda la gente que realmente rodea a *sir* Henry Baskerville en el páramo.

—¿No sería una buena idea deshacerse, en primer lugar, del matrimonio Barrymore?

—En absoluto. No podría usted cometer mayor error. Si ellos son inocentes sería una cruel injusticia, y si son culpables debemos dar todas las oportunidades para ponerlos a descubierto. ¡No, no! Les conservaremos en nuestra lista de sospechosos. Luego, si mal no recuerdo, hay un criado en la mansión. Existen dos granjeros en el páramo. Está nuestro amigo el doctor Mortimer, que creo que es completamente honrado, y está su esposa, de quien carecemos de información. Está también el señor Stapleton, el naturalista, y también su hermana, que se dice que es una joven muy atractiva. Luego tenemos al señor Frankland, de la mansión Lafter, que es también un factor desconocido, y uno o dos vecinos más. Finalmente, tenemos al resto del pueblo, que tiene que ser nuestro objetivo especial.

—Haré todo lo mejor que sepa.

—¿Supongo que lleva armas?

—Sí, he pensado que sería bueno ir prevenido.

—Sin lugar a dudas. Tenga su revólver a mano día y noche y nunca disminuya sus precauciones.

Nuestros amigos ya habían conseguido asiento en un vagón de primera clase y nos aguardaban en la plataforma.

—No, no tenemos ningún tipo de noticias —dijo el doctor Mortimer contestando a las preguntas de mi compañero—. Puedo asegurar una cosa, y es que durante los últimos dos días no hemos sido seguidos. No hemos salido jamás sin mantener una atenta vigilancia y nadie hubiese podido escapar a nuestra mirada.

—¿Supongo que nunca se habrán separado?

—Excepto ayer por la tarde. Normalmente me tomo un día de puro entretenimiento cuando estoy en la ciudad y lo pasé en el museo del Colegio de Cirujanos.

—Yo estuve en el parque —dijo Baskerville—. Pero no tuvimos ningún problema.

—Ha sido muy importante —dijo Homles, moviendo la cabeza negativamente con expresión muy seria—. Le ruego, *sir* Henry que no ande solo. Le ocurrirá alguna desgracia si lo hace. ¿Ya ha recuperado la otra bota?

—No, señor, ésa ha desaparecido para siempre.

—¿De verdad? Es muy interesante. Bueno, hasta la vista —añadió cuando el tren se puso en marcha—. No olvide, *sir* Henry, una de las frases de aquella misteriosa leyenda que el doctor Mortimer nos ha leído y evite el páramo en las horas de oscuridad, cuando los poderes diabólicos están despiertos.

Cuando ya estábamos algo alejados, eché una mirada al andén y vi la alta y austera silueta de Holmes, inmóvil, mirándonos fijamente.

El viaje fue veloz y ameno y lo pasé intentando conocer mejor a mis dos compañeros y jugando con el perro del doctor Mortimer.

En pocas horas dejamos de ver la tierra oscura y divisamos tierras rojizas; habían desaparecido los edificios de ladrillo y contemplábamos montañas de granito; las vacas pacían en prados cuidados donde la riqueza de la vegetación denotaba un clima más húmedo. El joven Baskerville miraba con interés por la ventanilla y a medida que iba reconociendo los perfiles propios del escenario de Devon, soltaba exclamaciones de júbilo.

—Desde que me marché he conocido una buena parte del mundo, doctor Watson —dijo—; pero jamás he visto nada que se pueda comparar con estos lugares.

—Jamás he conocido a nadie de Devonshire que no defienda su tierra —observé yo.

—Depende tanto de la ascendencia de la persona como del país —dijo el doctor Mortimer—. Si miramos a nuestro amigo, podemos ver la cabeza redonda de un celta que lleva dentro su entusiasmo y apego céltico a su país. La cabeza del difunto *sir* Charles tenía un tipo muy extraño, mitad de gaélico y mitad de iverniano. Pero usted era muy joven cuando vio por última vez la mansión de los Baskerville, ¿no es así?

—Cuando mi padre falleció yo era un chiquillo de unos trece años y nunca he visto la mansión, ya que él vivía en una pequeña casa en la costa sur. Entonces me marché directamente a vivir con un amigo a América. Le puedo decir que todo esto es tan nuevo para mí como lo es para el doctor Watson y estoy muy deseoso de ver el páramo.

—¿En serio? Pues su deseo está satisfecho, ya que lo puede ver ahora mismo —dijo el doctor Mortimer haciendo un gesto hacia la ventanilla del tren.

Por encima de los verdes prados y de la baja curva de un bosque, surgió en la distancia una colina gris y triste, con una rara cumbre escarpada, tan borrosa que parecía el fantástico paisaje de un sueño. Baskerville permaneció durante largo tiempo con los ojos fijos y pude ver en su rostro lo mucho que significaba para él su primera visión de ese extraño lugar donde los hombres de su estirpe se habían afincado hace tanto tiempo y dejaron una marca tan profunda. Seguía sentado, con su traje de lana y su acento americano, en el rincón de un prosaico vagón de tren, y contemplando su rostro moreno y expresivo pude ver más que nunca al verdadero descendiente de esa larga raza de hombres dominadores, audaces e intrépidos. Había orgullo, valor y fuerza en sus espesas cejas, en su sensible olfato y en sus grandes ojos color de avellana. Si en ese lúgubre páramo existía una difícil y peligrosa leyenda, por lo menos él era un camarada por el que merecía la pena arriesgarse, con la seguridad de que la compartiría con valor.

El tren se detuvo en una pequeña estación y nos apeamos. Fuera, detrás de una baja verja pintada de blanco, aguardaba un coche tirado por un par de jacas. Sin duda, nuestra llegada era un gran acontecimiento, ya que el jefe de estación y los mozos vinieron corriendo hacia nosotros para hacerse cargo de nuestro equipaje. Era un lugar agradable, sencillo, pero me quedé sorprendido al ver que junto a la puerta estaban dos militares de uniforme oscuro con sus cortos rifles, en los cuales se apoyaban, y que nos miraron con interés cuando pasamos. El cochero, un hombre bajito, de duro rostro, saludó a *sir* Henry Baskerville y en pocos minutos estábamos rodando velozmente por la ancha y blanca carretera. Pasamos por prados a cada lado de nosotros y viejas casas que emergían de entre el espeso arbolado verde, pero detrás del paisaje pacífico y soleado surgía asimismo, oscura contra el cielo del atardecer, la larga y sinuosa curva del páramo, cortada por las siniestras colinas.

El coche giró hacia una carretera secundaria y nos dirigimos hacia una vereda desgastada por siglos de ruedas, con altos montes a ambos lados, poblados de grandes helechos y flores de muchos colores. Aún subiendo, atravesamos un angosto puente de granito por encima de una ruidosa corriente de agua que espumaba abajo, entre los grises cantos rodados. Tanto la carretera como el riachuelo serpenteaban entre un denso valle lleno de robles y abetos. A cada momento, Baskerville soltaba una exclamación de júbilo, mirando ávidamente a su alrededor y haciendo innumerables preguntas. A sus ojos todo parecía bello, pero para mí había un matiz de tristeza sobre aquel paisaje que llevaba tan clara la marca de la decadencia otoñal. Hojas amarillentas tapizaban los prados y caían de los árboles cuando pasábamos. El traqueteo de las ruedas de nuestro coche se difuminó cuando pasamos por entre montones de vegetación muerta –tristes regalos, según me pareció, de la naturaleza–, para el coche que devuelve a su tierra al heredero de los Baskerville.

–¡Vaya! –exclamó el doctor Mortimer–, ¿qué es esto?

Una apretada curva de brezal, un recorte saliente del páramo se extendía delante de nosotros. En la cima, inmóvil y nítido como una estatua ecuestre sobre su pedestal, estaba un soldado a caballo, con el rifle preparado en su brazo. Vigilaba la carretera por la cual seguíamos.

–¿Qué es esto, Perkins? –preguntó el doctor Mortimer.

Nuestro cochero se dio media vuelta en su asiento.

–Se ha escapado un preso de Princetown, señor. De eso hace ahora tres días y los guardianes patrullan todas las carreteras y todas las estaciones, pero hasta hoy no lo han encontrado. Los labradores de por aquí están preocupados y tienen razón.

–He oído decir que les darán cinco libras si pueden proporcionar información.

–Sí, señor, así es, pero la recompensa de cinco libras es muy poca cosa si la comparamos con las posibilidades de que le corten el cuello a uno. Es un hombre que no vacilará en matar.

–¿De quién se trata?

–Es Selden, el asesino de Notting Hill.

Recordaba muy bien el caso, ya que se trataba de uno de los que se había ocupado Holmes, por la terrible ferocidad del crimen y la desmedida brutalidad que había marcado todas las acciones del asesino. Le habían conmutado la pena de muerte debido a algunas dudas sobre su salud mental. Tan atroz había sido su conducta. Nuestro coche había llegado a una cima y delante de nosotros surgió la inmensa extensión del páramo, salpicado de montones de piedras y rocosos picos. De él venía un aire frío que nos hizo temblar. En algún lugar de esa desolada llanura se ocultaba este hombre feroz, en alguna cueva, tal como un animal salvaje, con el corazón lleno de maldad contra todos aquellos que le habían puesto al margen de la sociedad. Para completar el cuadro sólo se necesitaba la lúgubre idea de las hojas muertas, el zumbido del viento, el cielo oscuro. Incluso Baskerville guardó silencio y se enfundó más en su abrigo.

Habíamos dejado la fuerte campiña detrás. Entonces miramos hacia atrás, para ver los últimos rayos de un sol que iba desapareciendo en el horizonte, con los últimos destellos dorados sobre la tierra rojiza. La carretera delante de nosotros se volvió más inhóspita, aquí y allá, con pendientes de un color rojo.

De vez en cuando, pasábamos por delante de una casa del páramo, con paredes y tejado de piedra, que en nada rompía esta desagradable vista. De pronto, vimos una depresión en forma de copa, poblada de robles y abetos que se habían doblado por la furia de años de tormenta. Por encima de los árboles surgieron dos altas y estrechas torres. El cochero tendió su fusta para mostrarnoslas.

—La mansión de los Baskerville —dijo.

Su amo se había incorporado y miraba con sorpresa y brillo en los ojos. Unos minutos después, habíamos llegado a las verjas de la mansión, un laberinto de extraños elementos de hierro forjado, con pilares estropeados por el tiempo a cada lado, cubiertos de líquenes y teniendo arriba las cabezas de jabalí, escudo de armas de los Baskerville. La casa del guarda era una construcción en ruinas de granito negro y vigas desnudas, pero delante había un edificio nuevo, medio construido, el primer fruto del oro surafricano de *sir* Charles.

Traspasada la verja, entramos hacia la avenida, donde el traqueteo de las ruedas volvió a apagarse entre las hojas, y los viejos árboles inclinaban sus ramas formando un sombrío túnel sobre nuestras cabezas. Baskerville tuvo un estremecimiento al mirar hacia el largo y oscuro sendero donde sobresalía la casa como un fantasma en el otro extremo.

—¿Fue aquí? —preguntó en voz baja.

—No, no, la alameda queda del otro lado.

El joven miró a su alrededor con expresión inquieta.

—No hay duda sobre lo que habrá sentido mi tío al enfrentarse con dificultades en un lugar como éste —dijo él—. Consigue asustar a cualquiera. Dentro de seis meses pondré aquí una hilera de lámparas y no lo reconocerán cuando tenga bombillas de mil vatios justo delante de la puerta principal.

La avenida se abría hacia un amplio espacio de césped y teníamos ya la casa ante nosotros. A la luz del crepúsculo pude ver que en el centro existía un pesado edificio con un porche delante. Toda la fachada estaba cubierta de hiedra, con un espacio desnudo aquí y allá, y donde una ventana o un escudo de armas sobresalía a través del oscuro vello. De este bloque central se elevaban las dos torres, viejas, almenadas y perforadas con muchos ventanales. A derecha e izquierda de las torres existían dos alas más modernas de granito oscuro. Una pálida luz brillaba a través de las ventanas divididas con tragaluces, y de las altas chimeneas que se erguían desde el tejado inclinado salía una sola columna de humo negro.

—¡Bienvenido, *sir* Henry! ¡Bienvenido a la mansión de los Baskerville!

Un hombre alto había salido de la sombra del porche para abrir la puerta del coche. A la luz amarillenta del vestíbulo podía verse la silueta de una mujer. Ésta salió para ayudar al hombre a bajar nuestras maletas.

—¿No le sabrá mal que me dirija directamente a mi casa, *sir* Henry? —dijo el doctor Mortimer—. Mi mujer me está esperando.

—Pero ciertamente se quedará para cenar, ¿o no?

—No, tengo que marcharme. Lo más probable es que tenga algún trabajo esperándome. Me quedaría para enseñarle la casa, pero Barrymore sabrá hacerlo mejor que yo. Adiós y no vacile, sea de día o de noche, en mandar a buscarme si me necesita.

El ruido de las ruedas se apagó en el camino mientras *sir* Henry y yo entrábamos en el vestíbulo, y la puerta se cerró pesadamente detrás de nosotros. Nos encontramos en una bella habitación, grande, de techos altos, pesadamente revestida de tablones de roble oscurecido por el tiempo. En el fogón, de estilo antiguo, crepitaba un fuego de madera. *Sir* Henry y yo tendimos las manos sobre el fuego, como si estuviésemos entumecidos por el largo viaje.

Luego, nos pusimos a observar alrededor, por la alta y estrecha ventana de cristal manchado por el tiempo, el revestimiento de roble, los escudos de armas en las paredes, todo oscuro y sombrío a la pálida luz de la lámpara del centro.

—Es justamente como me lo imaginaba —dijo *sir* Henry—. ¿No es la imagen real de una vieja casa de familia? ¡Y pensar que éste es el vestíbulo donde ha vivido mi familia durante quinientos años! Pensarlo me hace estremecer de admiración.

Vi que su rostro moreno se encendía con un entusiasmo infantil mientras miraba atentamente a su alrededor. La luz descendía sobre él, pero grandes sombras serpenteaban sobre las paredes y pendían como una negra bóveda. Barrymore volvió después de haber llevado el equipaje a nuestros aposentos. Se detuvo ante nosotros con la expresión respetuosa de un criado bien educado. Era un hombre con muy buen aspecto, alto, afable, con una barba negra y unas facciones pálidas pero distinguidas.

—¿Desea el señor que la cena sea servida ahora mismo?

—¿Está lista?

—Lo estará en unos minutos, señor. Encontrarán agua caliente en sus habitaciones. Mi mujer y yo estaríamos muy complacidos, *sir* Henry, en quedarnos con usted hasta que haya hecho sus nuevas disposiciones, pero comprenderá que, bajo estas condiciones, esta casa necesitará de bastantes personas.

—¿A qué condiciones se refiere?

—Solamente quiero decir que *sir* Charles llevaba una vida muy retirada y que nosotros podíamos ocuparnos de sus deseos. Naturalmente que usted, señor, deseará más compañía y por eso necesitará hacer cambios en el servicio.

—¿Quiere decir que usted y su esposa desean marcharse?

—Solamente cuando a usted le convenga, señor.

—Pero su familia lleva con nosotros varias generaciones, ¿no es así? Lamentaría empezar mi vida aquí rompiendo una vieja relación familiar.

Me pareció vislumbrar algunos síntomas de emoción en el pálido rostro del mayordomo.

—También yo lo creo así, señor, al igual que mi mujer. Pero, para ser sincero, señor, ambos estábamos muy unidos a *sir* Charles y su muerte fue para nosotros un golpe que ha hecho que este lugar nos resulte muy doloroso. Me temo que jamás volveremos a estar a gusto en la mansión de los Baskerville.

—¿Qué pretenden hacer entonces?

—No dudo, señor, que lograremos triunfar montando algún negocio. La generosidad de *sir* Charles nos ha brindado los medios para hacerlo. Y ahora, señor, lo mejor es enseñarles sus habitaciones.

Por una ancha galería con balaustrada alrededor de la parte superior del viejo vestíbulo se llegaba a una doble escalera. De la parte central salían dos largos pasillos que se extendían por toda la longitud del edificio, hacia los cuales daban todas las habitaciones. La mía estaba en la misma ala que la de Baskerville y casi al lado de la suya. Estas habitaciones eran mucho más modernas que la parte central de la casa, y el papel claro y varias velas conseguían hasta cierto punto eliminar la sombría impresión que nuestra llegada había dejado en mi mente.

Pero el comedor, al que se llegaba por el vestíbulo, era un lugar oscuro y triste. Se trataba de un gran aposento con un peldaño que separaba el estrado donde la familia se sentaba de la parte inferior dedicada a sus sirvientes. En un extremo había una galería de juglares. Vigas negras cruzaban sobre nuestras cabezas, por debajo de un techo oscurecido por el humo. Con hileras de antorchas encendidas como iluminación y la cruda alegría de un banquete de los viejos tiempos, puede que el lugar no pareciera tan lúgubre, pero ahora, con dos hombres embutidos en sus trajes negros, sentados bajo un pequeño círculo de luz proveniente de un candelabro con pantalla, las voces se callaban y el espíritu se sometía. Una serie de antepasados, con todos los tipos de trajes, desde el caballero de los tiempos de la reina Isabel hasta el de la época de la Regencia, nos miraban desde las paredes y nos intimidaban con su silenciosa presencia. Hablamos poco y me alegró que se terminara la comida y pudiéramos retirarnos hacia la moderna sala de billares para fumar un cigarrillo.

—Debo confesar que no se trata de un lugar muy acogedor —dijo *sir* Henry—. Creo que uno podrá acostumbrarse, pero de momento me siento algo fuera de ambiente. No me sorprende que mi tío fuera algo asustadizo al tener que vivir solo en una casa como ésta. Si a usted le parece, hoy nos acostaremos temprano y puede que por la mañana todo nos parezca más agradable.

Antes de meterme en la cama, abrí las cortinas y miré por la ventana. Ésta se abría sobre el césped que había delante de la puerta de entrada. Más allá, había dos grupos de árboles agitándose por la fuerza del viento que empezaba a soplar. Por entre las nubes aparecía la media luna. Con su pálida luz pude ver más allá de los árboles una hilera de rocas y la larga curva del melancólico páramo.

Y no era todo. Me sentía cansado pero al mismo tiempo sin sueño, dando vueltas y vueltas en la cama, intentando conciliar un sueño que no llegaba. A lo lejos, un reloj daba los cuartos de hora, pero además un silencio mortal reinaba en toda la casa. Luego, de súbito, llegó a mis oídos un ruido claro, resonante e inconfundible. Era el sollozar de una mujer, el suspiro de alguien que está atormentado por un dolor incontrolable. Me senté en la cama e intenté oír mejor. El ruido no podía venir de muy lejos, seguramente venía de la casa. Durante una media hora aguardé con todos los sentidos despiertos, pero no se pudo oír nada excepto el reloj y la hiedra rozando la pared.

VII

Los Stapleton de Merripit House

El clima ameno de la mañana siguiente consiguió hasta cierto punto borrar de nuestras mentes la impresión grisácea que pesaba sobre nosotros dos desde que habíamos llegado a la mansión de los Baskerville. Cuando *sir* Henry y yo nos sentamos a la mesa para desayunar, el sol entraba a chorros por las ventanas, dando color a los escudos de armas que cubrían sus vitrales. Los paneles oscuros brillaban como el bronce con los rayos dorados y se hacía difícil imaginar que ésta era realmente la misma habitación que tanto nos había disgustado la noche anterior.

—¡Llego a creer que somos nosotros y no la casa los que tenemos la culpa! —dijo *sir* Henry—. Veníamos cansados por el día que habíamos tenido viajando y helados por el frío que hacía, y por ello el lugar nos pareció tan triste. Ahora estamos frescos y por eso todo vuelve a ser agradable.

—Asimismo, no se trata totalmente de una cuestión de imaginación —repliqué—. Por ejemplo, ¿no ha oído usted a alguien, creo que a una mujer, que sollozaba por la noche?

—Es curioso, ya que cuando me encontraba medio dormido escuché algo por el estilo. Esperé bastante tiempo, pero no se volvió a oír y por eso pensé que se trataba solamente de un sueño.

—Yo sí que lo escuché perfectamente, estoy seguro de que eran los sollozos de una mujer.

—Debemos inquirir sobre ello inmediatamente.

Tocó el timbre y preguntó a Barrymore si podía decir algo sobre lo que habíamos oído. Me pareció ver que la palidez del rostro del mayordomo se acentuaba aún más al escuchar la pregunta de su amo.

—En la casa solamente hay dos mujeres, *sir* Henry —contestó—. Una es la cocinera, que duerme en la otra ala. La otra es mi mujer, y por eso puedo asegurar que el ruido no podría venir de ella.

Estaba mintiendo, ya que por casualidad, después del desayuno, encontré a la señora Barrymore en el largo pasillo, con el sol dando de lleno en su rostro. Era una mujer alta, gruesa, de facciones duras y una mirada grave. Pero sus ojos estaban enrojecidos y me miró por entre unos párpados hinchados. Había sido ella la que lloraba por la noche, y, siendo así, su marido tendría que saberlo. No obstante, había decidido correr el riesgo de ser descubierto al declarar lo contrario. ¿Por qué lo había hecho? ¿Y por qué lloraba ella tan amargamente? No hay duda de que alrededor de este hombre pálido, afable, de barba negra, existía una atmósfera de misterio y dudas. Había sido él quien primero había descubierto el cuerpo de *sir* Charles y solamente disponíamos de su palabra sobre todas las circunstancias que llevaron a la muerte del ancians. ¿No sería posible, después de todo, que hubiese sido Barrymore el hombre que habíamos visto en el coche en Regent Street? La barba podría muy bien ser la misma. El cochero había descrito a un hombre algo más bajo, pero es muy fácil que dicha impresión fuera equivocada. ¿Cómo podría saberlo definitivamente? Evidentemente, lo primero que había que hacer era visitar al jefe de correos de

Grimpen y descubrir si el telegrama de prueba había sido realmente entregado en las propias manos de Barrymore. Cualquiera que fuera la contestación, por lo menos ya tendría algo que comunicar a Sherlock Holmes.

Sir Henry tenía varios papeles para examinar después del desayuno, así que el tiempo era propicio para mi paseo. Era una agradable caminata de cuatro millas a lo largo de la orla del páramo, que me conduciría a un pequeño caserío gris donde sobresalían dos edificios mayores, lo cual quería decir que uno era la posada y el otro la casa del doctor Mortimer. El jefe de correos era también el tendero del pueblo y recordaba muy bien el telegrama.

—No hay ninguna duda, señor —me dijo—, de que yo entregué el telegrama al señor Barrymore, exactamente como se me indicaba.

—¿Quién lo entregó?

—Fue mi hijo. ¡James! entregaste aquel telegrama al señor Barrymore en la mansión, la semana pasada, ¿no es así?

—Sí, padre, lo entregué.

—¿En su propia mano? —pregunté yo.

—Bueno, en ese momento el señor Barrymore estaba en el pajar, así que no se lo pude entregar en mano, pero se lo di a la señora Barrymore y ella me prometió que se lo entregaría inmediatamente.

—¿Has visto al señor Barrymore?

—No, señor; le he dicho que estaba en el pajar.

—Si no le has visto, ¿cómo sabes que estaba en el pajar?

—Bueno, con certeza su esposa sabía dónde estaba él —dijo el hombre con impaciencia—. ¿Es que no ha recibido el telegrama? Si hay alguna equivocación, la culpa es de Barrymore, que debería reclamar.

Me pareció inútil seguir preguntando, pero era evidente que, a pesar de la astucia de Holmes, no disponíamos de ninguna prueba de que Barrymore no hubiese estado en Londres durante todo el tiempo. Supongamos que así fue. Supongamos que el mismo hombre hubiese sido el último que había visto a *sir* Charles con vida y el primero en seguir al nuevo heredero cuando éste volvió a Inglaterra. ¿Qué tenemos entonces? ¿Iba por encargo de terceros o tenía alguna intención siniestra? ¿Qué interés podía tener en perseguir a la familia Baskerville? Me acordé del extraño aviso recortado del editorial del *Times*. ¿Habría sido obra suya o era posible que fuera obra de alguien que deseaba trastornar sus intenciones? El único motivo posible era el que había sugerido *sir* Henry de que, si conseguían apartar a la familia, los Barrymore dispondrían de un hogar cómodo y permanente.

Pero, ciertamente, una explicación como ésa no sería muy apropiada para justificar la sutil organización que parecía tejer una red invisible alrededor del joven heredero. El propio Holmes había dicho que no había tenido nunca un caso tan complicado en toda su larga serie de sensacionales investigaciones. Mientras volvía por la gris y solitaria carretera, hice ardientes votos para que mi amigo pronto se librara de sus preocupaciones y pudiera venir para quitarme de encima esta pesada responsabilidad.

De pronto, mis pensamientos fueron interrumpidos por un ruido de pasos detrás de mí y por una voz que me llamaba por mi nombre. Me volví esperando ver al doctor Mortimer, pero, con gran sorpresa, era un desconocido que me seguía. Era un hombre bajito, delgado, bien barbeado, de pelo muy rubio y boca torcida, de entre treinta y cuarenta años de edad, que vestía un traje gris y se cubría con un sombrero de paja. Del hombro le colgaba una pequeña caja para especímenes de botánica y en una de las manos llevaba una red verde para cazar mariposas.

—Estoy seguro de que me perdonará mi osadía, doctor Watson —dijo cuando se acercó al lugar en que me había detenido—. Aquí, en el páramo, somos todos amigos y no esperamos presentaciones formales. Probablemente habrá oído hablar de mí a nuestro común amigo Mortimer. Me llamo Stapleton y vivo en Merripit House.

—Su red y su caja serían suficientes para que me enterara de ello —dije yo, ya que sabía que el señor Stapleton era un naturalista—. ¿Pero cómo me ha reconocido usted?

—Estuve de visita en casa de Mortimer y me lo enseñó desde la ventana cuando usted pasaba, diciendo que era cirujano. Como llevamos el mismo camino, pensé alcanzarle y presentarme. Espero que *sir* Henry no se encuentre indispuesto después del viaje, ¿o sí?

—No, muchas gracias, se encuentra perfectamente.

—Todos temíamos que después de la terrible muerte de *sir* Charles el nuevo heredero rehusara vivir aquí. Es mucho pedir que un hombre sano venga a enterrarse en un lugar como éste, pero no hace falta que le diga que ello significa mucho para el pueblo. ¿*sir* Henry no tendrá temores supersticiosos sobre el asunto?

—No lo creo.

—¿Naturalmente que conocerá usted la leyenda del feroz sabueso que acosa a la familia?

—He oído hablar de ella.

—¡Es extraordinario lo crédula que es la gente aquí! Todos están dispuestos a jurar que han visto a ese animal en el páramo —hablaba con una sonrisa, pero me pareció leer en sus ojos que tomaba el asunto más en serio—. La historia influyó mucho en la mente de *sir* Charles y no dudo de que le condujo a su trágico final.

—¿Cómo?

—Sus nervios estaban tan desgastados que la aparición de cualquier sabueso podría haber tenido un efecto fatal sobre su corazón enfermo. Creo que realmente vio algo por el estilo esa última noche en la alameda. Me temía que pudiera ocurrir alguna desgracia, ya que conocía muy bien al anciano y sabía que su corazón estaba débil.

—¿Cómo supo usted eso?

—Me lo dijo mi amigo Mortimer.

—Entonces, ¿cree usted que un perro persiguió a *sir* Charles y que por eso él murió de miedo?

—¿Tiene usted una explicación mejor?

—Aún no he llegado a ninguna conclusión.

—¿Habrá llegado Sherlock Holmes?

Sus palabras me dejaron un momento sin respiración, pero una mirada hacia su plácido rostro y sus ojos impasibles me demostró que no intentaba sorprenderme.

—Es inútil fingir que no le conocemos, doctor Watson —dijo—. El renombre de su detective ha llegado hasta aquí y no podrá hablar de su fama sin que le reconozcan a usted. Cuando Mortimer me dijo su nombre, no pudo ocultar su identidad. Si está usted aquí, se deduce que Sherlock Holmes está interesado en el asunto; y como es natural, tengo curiosidad por saber su opinión.

—Me temo que no podré contestar a esa pregunta.

—¿Puedo preguntarle si nos honrará con su visita el señor Holmes?

—En estos momentos no puede dejar la ciudad. Tiene otros casos que ocupan su atención.

—¡Qué lástima! Podría esclarecer aquello que es tan oscuro para nosotros. Pero, por lo que respecta a sus propias investigaciones, si hay algo en que pueda serle útil, espero que me lo diga. Si yo tuviera algún indicio sobre la naturaleza de sus sospechas o sobre cómo se propone investigar el caso, quizá, incluso ahora mismo, le podría ayudar o aconsejar.

—Le aseguro que mi estancia aquí es solamente para visitar a mi amigo *sir* Henry y que no necesito ningún tipo de ayuda.

—¡Magnífico! —dijo Stapleton—. Tiene usted todo el derecho de ser precavido y discreto. Se me acaba de reprochar lo que yo creo que ha sido una injustificada intromisión y le prometo que no volveré a mencionar este asunto.

Habíamos llegado a un punto donde un angosto sendero cubierto de hierbas salía de la carretera para cruzar el páramo.

Podía verse a la derecha una empinada cuesta de guijarros que en tiempos pasados había sido cortada en una cantera de granito.

La parte que teníamos frente a nosotros formaba un negro peñasco con helechos y zarzas que emergían de sus nichos. A lo lejos se elevaba una gris columna de humo.

—Un pequeño paseo a lo largo de este sendero nos conducirá a Merripit House —dijo Stapleton—. Quizá pueda usted perder una hora y darme el placer de presentarle a mi hermana.

Mi primer pensamiento fue que debería estar al lado de *sir* Henry. Pero entonces recordé el montón de papeles y facturas que había encima de su escritorio. Sin duda no le podría ayudar en esa tarea. Y Holmes había dicho expresamente que yo debía estudiar a los vecinos del páramo. Acepté la invitación de Stapleton y giramos juntos sendero abajo.

—El páramo es un lugar precioso —dijo él mirando alrededor, hacia las onduladas llanuras y los largos prados verdes, con cimas de granito en fantásticas oleadas—. Uno jamás se cansa del páramo. No se puede imaginar los maravillosos secretos que él contiene. ¡Es tan vasto, tan árido y tan misterioso!

—¿Quiere eso decir que lo conoce bien?

—Hace tan sólo dos años que estoy aquí. Los residentes me llaman intruso. Llegamos poco después de que se instalara *sir* Charles. Pero mis gustos me llevaron a explorar cada parte del país y me atrevo a decir que hay pocos que lo conozcan tan bien como yo.

—¿Es tan difícil de conocer?

—Muy difícil. Mire, por ejemplo, esta gran llanura que se extiende hacia el norte, con todas esas cuestas. ¿Ve algo de especial en ella?

—Sería un extraño lugar para cabalgar al galope.

—Es natural que piense de ese modo, y hasta ahora esa idea ha costado la vida a más de uno. ¿Ve aquellos brillantes puntos verdes que se agrupan allí?

—Sí, parecen ser más fértiles que el resto.

Stapleton se echó a reír.

—Ése es el gran Grimpen, mire —dijo—. Un paso en falso significa la muerte tanto para el hombre como para los animales. Sin ir más lejos, ayer vi a uno de los *ponies* del páramo ahogarse en él. No volvió a salir. Durante mucho tiempo pude ver su cabeza emergiendo del charco, pero por fin éste lo absorbió. Incluso en épocas de sequía es un peligro cruzarlo, pero después de las lluvias de otoño es ya un lugar terrible. Yo soy capaz de encontrar el camino hacia su centro y volver con vida. ¡Por Dios! ¡Ahí está otro de esos desgraciados *ponies*!

Entre los verdes setos había algo marrón que se convulsionaba. Después, un largo cuello agonizante se es-

tiró hacia arriba y por el páramo se extendió el eco de un terrible aullido. Me estremecí horrorizado, pero los nervios de mi acompañante parecieron ser más fuertes que los míos.

—¡Ya desapareció! —dijo él—. El fango se lo ha tragado. En dos días ya van dos, quizá muchos más, puesto que tienen la costumbre de ir allá en el tiempo seco y nunca ven la diferencia hasta que el fango los ha atrapado. Es un mal lugar el gran lodazal de Grimpen.

—Pero usted dijo que suele entrar en él.

—Hay uno o dos caminos por los cuales puede atreverse un hombre enérgico, y yo los conozco.

—Pero ¿qué motivos le llevan a entrar en un lugar tan tremendo?

—¿Ve usted las colinas que hay detrás? Son verdaderos oasis, rodeados a ambos lados por el infranqueable fango que se ha ido formando a lo largo de los años. Es ahí donde están las plantas raras y las mariposas, si tiene el ingenio de alcanzarlas.

—Un día probaré suerte.

Me miró con aire de sorpresa.

—Por el amor de Dios, quítese esa idea de la cabeza —dijo—. Su muerte me pesaría para siempre. Le puedo garantizar que no habría ni una sola posibilidad de que volviera vivo. Solamente se consigue recordando ciertas marcas complicadas, y por eso las hago.

—¡Vaya! —exclamé—. ¿Qué es eso?

Era un gemido prolongado, indescriptiblemente triste, que venía del páramo. Llenaba todo el aire y, asimismo, era imposible decir exactamente de dónde provenía. Partiendo de un sordo quejido creció hacia un profundo lamento, para volver a escucharse de nuevo como un melancólico murmullo. Stapleton me miró con una expresión interrogante.

—¡Un terrible lugar el páramo! —dijo.

—¿Pero de qué se trata?

—Los campesinos dicen que es el sabueso de los Baskerville, que reclama su víctima. Lo había escuchado una o dos veces antes, pero nunca tan fuerte.

Miré alrededor con un escalofrío de miedo, pero apenas pude ver el enorme desierto, salpicado por verdes parches de juncos. Nada se movía sobre la vasta llanura, a no ser un par de cuervos que graznaban muy fuerte desde un pequeño pico detrás de nosotros.

—Es usted un hombre culto. ¿No irá a creer en tal necedad? —dije yo—. ¿Cuál cree que puede ser la causa de tan extraño ruido?

—Algunas veces la ciénaga hace ruidos extraños. Es el lodo que se deposita, el agua que sube, o algo por el estilo.

—No, no, eso era un ser viviente.

—Bueno, puede que lo fuera. ¿Ha oído alguna vez el grito de un avetoro?

—No, jamás lo he oído.

—Es un ave muy rara ahora en Inglaterra, casi se extinguió, pero en el páramo todo es posible. Sí, no me sorprendería descubrir que lo que hemos oído es el grito del último de los avetoros.

—Es el ruido más raro, más sobrenatural que he oído en toda mi vida.

—Sí, no hay duda de que es un lugar muy misterioso; mire la pendiente de aquella colina. ¿Qué le parece?

Toda la empinada cuesta estaba cubierta por anillos grises de piedra, por lo menos una veintena.

—¿Qué son? ¿Corrales de ovejas?

—No, son las casas de nuestros sobrios antepasados. Los hombres prehistóricos vivieron apretados en el páramo, y como desde entonces nadie ha habitado aquí, podemos encontrar sus pequeñas viviendas exactamente tal y como las dejaron. Aquéllas eran sus casas, aunque ya no tengan techo. Incluso podrá ver sus cocinas y sus camas si tiene la curiosidad de entrar.

—Pues parece una ciudad. ¿Cuándo estuvo habitada?

—En la era neolítica, no se sabe la fecha.

—¿Y qué hacían?

—Apacentaban su ganado en estas cuestas y aprendieron a excavar en busca de latón cuando las azadas de bronce empezaron a reemplazar al hacha de piedra. Vea el gran foso en la colina opuesta. Ésa es su marca. Realmente puede encontrar algunos lugares muy especiales en el páramo, doctor Watson. ¡Dispense un momento! Seguramente se trata de un *cyclopides*.

Un pequeño insecto o polilla volaba cerca de nosotros, y en un instante Stapleton salió corriendo con una extraordinaria energía, persiguiéndolo. Para mi consternación, el insecto voló directamente hacia el gran fango, pero mi amigo no se detuvo ni por un instante, saltando de mata en mata detrás de él, con su verde red ondeando en el aire; con su traje gris, avanzando a tirones, él mismo parecía a una enorme mariposa. Me quedé parado observando su persecución con una mezcla de admiración por su extraordinaria energía y de temor a que perdiera el equilibrio y cayera al horrible fango, cuando oí un ruido de pasos y, al girarme, me encontré con una mujer cerca de mí en el sendero. Había venido del lugar donde la columna de humo indicaba que estaba Merripit House, pero una curva del páramo la había ocultado hasta que estuvo bastante cerca.

No tuve ninguna duda de que se trataba de la señorita Stapleton, de quien me habían hablado, ya que en el páramo debían de ser pocas las señoras y había oído a alguien describirla como una belleza. La mujer que se me acercaba sí que lo era y tenía un tipo nada común. No podría haber mayor contraste entre ella y su hermano, ya que Stapleton tenía un color indeterminado, con cabello claro y ojos pardos, mientras que su hermana era más morena que cualquiera de las que yo había visto en Inglaterra, delgada, elegante y alta. Poseía un rostro altivo con facciones bien recortadas, tan regulares que podría parecer impasible si no fuera por los labios expresivos y los bellos ojos negros e impacientes. Con su perfecto y elegante vestido, era realmente una extraña aparición en un sendero tan solitario. Sus ojos buscaron a su hermano cuando me volví; entonces aceleró su paso dirigiéndose hacia mí. Me quité el sombrero y me disponía a dar alguna explicación, cuando sus palabras cambiaron todas mis ideas.

—¡Váyase! —dijo—. Vuelva inmediatamente a Londres.

No pude hacer otra cosa sino quedarme mirándola tontamente. Su mirada era amenazante y golpeó fuertemente el suelo con los pies.

—¿Y por qué debo volver? —pregunté.

—No se lo puedo explicar —hablaba en voz baja e impaciente, con un curioso ceceo—. Pero, por Dios se lo pido, hágalo. Váyase y no vuelva a poner los pies en el páramo nunca más.

—Pero si acabo de llegar...

—¡Hombres, hombres! —exclamó—. ¿No puede pensar que si se le avisa es por su bien? ¡Vuelva a Londres! ¡Hágalo esta misma noche! ¡Aléjese de este lugar cueste lo que cueste! ¡Cuidado, se acerca mi hermano! ¡Ni una palabra de lo que le he dicho! ¿Le molestaría coger esa orquídea para mí de entre aquel rastrojo? Tenemos muchas orquídeas en el páramo, aunque, naturalmente, usted ha llegado tarde para apreciar las bellezas del lugar.

Stapleton había abandonado la cacería y volvió hacia nosotros con la respiración ahogada y cansado por el ejercicio.

—¡Hola, Beryl! —dijo, y me pareció que el tono de su voz no era de lo más cordial.

—Veo, Jack, que estás muy acalorado.

—Sí, intentaba cazar un *cyclopides*. Es muy difícil de encontrar a finales de otoño. ¡Qué lástima que lo haya perdido!

Habló despreocupado, pero sus pequeños ojos iban sin parar de la chica hacia mí.

—Ya veo que se han presentado.

—Sí. Le estaba diciendo a *sir* Henry que ya era bastante tarde para que pudiera ver las verdaderas bellezas del páramo.

—¿Quién te imaginas que es este caballero?

—Me imagino que tiene que ser *sir* Henry Baskerville.

—No, no —dije yo—. Soy solamente un humilde plebeyo, aunque sea su amigo. Me llamo señor Watson.

Su rostro mostró una expresión de vergüenza.

—Hemos estado hablando de asuntos que no vienen al caso —dijo ella.

—No veo el porqué, ya que no habéis tenido mucho tiempo para hablar —observó su hermano, con la misma mirada inquisidora.

—Es que he hablado como si el señor Watson fuera un vecino, en lugar de ser simplemente un visitante —dijo ella—. ¿A él qué le puede importar que sea temprano o tarde para las orquídeas? Pero, de todos modos, nos acompañará a ver Merripit House, ¿no es así?

Un corto paseo nos llevó a una inhóspita casa de campo, que en tiempos de prosperidad debió de ser la granja de algún ganadero, pero que se había reparado y transformado en una moderna vivienda. Estaba rodeada de un huerto, pero los árboles, como de costumbre en el páramo, eran más bien bajos y algo marchitos, y se podía decir que el aspecto de todo el conjunto era solitario y triste. Fuimos recibidos por un viejo criado de aspecto raro, mal vestido y con aire descuidado, que parecía estar acorde con la casa. Dentro, no obstante, había grandes salas amuebladas con un gusto que a mis ojos no podría ser otro que el de la dama.

Cuando miré por las ventanas al interminable páramo, salpicado de rocas que ondulaban sin romperse hasta el horizonte más lejano, no pude por menos que sentirme sorprendido por el hecho de que un hombre con tal educación y una mujer tan bella vivieran en un lugar como aquél.

—Una elección muy rara, ¿no es verdad? —dijo él, como si hubiera adivinado mis pensamientos—. No obstante, conseguimos sentirnos bien, ¿no es verdad, Beryl?

—Somos bastante felices —dijo ella, pero en sus palabras no existía ninguna señal de convicción.

—Yo tenía un colegio —dijo Stapleton—. Estaba en el norte del país. El trabajo para un hombre de mi temperamento era mecánico y carecía de interés, pero el privilegio de vivir con la juventud, de ayudar a formar a esas jóvenes mentes y de impresionarlas con el carácter y los ideales de uno, me gustaba mucho. Sin embargo, la suerte nos fue adversa. Surgió una grave epidemia en el colegio y murieron tres de los alumnos. Nunca se recuperó el colegio de este golpe y gran parte de mi capital desapareció irremediablemente. No obstante, si no fuera por la pérdida de la maravillosa compañía de los chicos, podría regocijarme de mi falta de suerte, ya que, con mis gustos por la botánica y la zoología, encuentro aquí un campo ilimitado de trabajo y mi hermana es tan amiga de la naturaleza como yo. Todo esto, doctor Watson, se lo he contado porque me pareció ver que se extrañaba al mirar este páramo por el balcón.

—Sin duda cruzó por mi mente la idea de que esto podría ser un poco triste, quizá no tanto para usted como para su hermana.

—No, no, nunca estoy triste —se apresuró a decir ella—. Tengo libros, tenemos nuestros estudios y unos buenos vecinos. El doctor Mortimer es el hombre, la persona más inteligente en su carrera. El desgraciado *sir* Charles era también un admirable compañero. Le conocíamos bien y sentimos su falta más de lo que pueda pensar.

¿Cree usted que molestaré si voy esta tarde a conocer a *sir* Henry?

—Estoy seguro de que le encantará.

—Entonces quizá usted pueda decirle que me propongo hacerlo. Con nuestros modestos medios podremos contribuir en algo para que todo le resulte más fácil hasta que se acostumbre a su nuevo entorno.

—¿Quiere que vayamos arriba, doctor Watson, para ver mi colección de lepidópteros? —dijo Stapleton—. Creo que es la más completa en el suroeste de Inglaterra. Cuando haya terminado de verla, el almuerzo estará listo.

Sin embargo, yo tenía prisa en volver a mi puesto. La melancolía del páramo, la muerte del desgraciado potro, el terrorífico sonido que yo había asociado con la leyenda de los Baskerville, todo esto había entristecido mis ideas. Luego, además de estas impresiones más o menos vagas, había surgido el aviso tan claro de la señorita Stapleton, dicho con tal sinceridad que no podía dudar de que detrás de él existía algún motivo grave y profundo. Resistí a todas las presiones de que me quedara a almorzar y me marché inmediatamente, iniciando mi retorno por el sendero de césped por el que habíamos venido.

Parecía, no obstante, que tenía que existir algún atajo —para quienes lo conocieran—, ya que antes de haber llegado a la carretera, tuve la sorpresa de ver a la señorita Stapleton sentada sobre una piedra al lado del sendero. Su rostro presentaba un bello rubor producido por el esfuerzo de la caminata y tenía una mano sobre el pecho.

—Vine corriendo todo el camino para alcanzarle, doctor Watson —me dijo—. Ni siquiera tuve tiempo para ponerme el sombrero. No puedo detenerme, si no mi hermano me echará en falta. Deseaba decirle cuánto lamento el torpe error que cometí al pensar que usted era *sir* Henry. Le ruego que olvide lo que le he dicho, ya que no tiene ninguna relación con usted.

—Pero es que no puedo olvidarlo, señorita Stapleton —dije yo—. Soy amigo de *sir* Henry y su seguridad es mi gran preocupación. Dígame qué razones tiene para que *sir* Henry deba volver a Londres.

—Antojos de mujeres, doctor Watson. Cuando me conozca mejor comprenderá que no siempre puedo dar razones para lo que digo o hago.

—No, no, lo siento. Recuerdo bien la emoción de su voz. Recuerdo su mirada. Por favor, se lo ruego, sea sincera conmigo, señorita Stapleton; desde que estoy aquí conozco todas las sombras que me rodean. La vida se ha vuelto como ese gran charco de Grimpen, con pequeños oasis verdes por todas partes, donde uno puede ahogarse sin guía que le muestre el camino. Dígame, pues, qué es lo que quería decir y le prometo que transmitiré su aviso a *sir* Henry.

Durante unos momentos su rostro adoptó una expresión de indecisión, pero sus ojos volvieron a ponerse graves cuando me contestó.

—Le da usted demasiada importancia, doctor Watson —dijo—. Mi hermano y yo quedamos muy afectados con la muerte de *sir* Charles. Le conocíamos de una forma muy íntima, ya que su paseo favorito era a lo largo del

páramo hasta nuestra casa. Él estaba muy impresionado por la amenaza que pendía sobre su familia, y, cuando ocurrió esta tragedia, evidentemente presentí la existencia de razones para los temores que él había expresado. Por esa razón me disgusté cuando otro miembro de la familia vino para vivir aquí y me pareció que debería ser avisado del peligro que corre. Esto fue todo lo que yo quise decir.

—¿Pero cuál es el peligro?

—¿Conoce usted la historia del dogo?

—No creo en esa bobada.

—Pero yo sí creo. Si ejerce usted alguna influencia sobre *sir* Henry, apártelo de un lugar que siempre ha sido fatal para su familia. El mundo es grande. ¿Por qué va a desear vivir en un lugar peligroso?

—Porque este lugar peligroso le pertenece. Así es el carácter de *sir* Henry. Me temo que, a menos que me pueda proporcionar alguna información más concreta, será imposible conseguir que se vaya.

—No le puedo decir nada concreto, puesto que no conozco nada con más precisión.

—Le voy a hacer una pregunta más, señorita Stapleton. Si no quería decir más que esto cuando me habló la primera vez, ¿por qué no deseaba que su hermano se enterara de lo que dijo? No hay nada que él o cualquier otro pueda objetarle.

—Mi hermano tiene un gran deseo de ver la mansión habitada, ya que cree que es para el bien de las pobres gentes del páramo. Quedaría muy molesto si supiera que yo había dicho algo que pudiera incitar a *sir* Henry a que se marchara; ahora he cumplido con mi deber, y no diré nada más. Debo volver, si no me echará en falta y sospechará que le he visto. ¡Adiós!

Se giró y en pocos minutos desapareció entre las piedras, mientras yo, con mi mente llena de vagos temores, continué mi camino hacia la mansión de los Baskerville.

VIII

PRIMER INFORME DEL DOCTOR WATSON

A partir de este momento, y para seguir el desarrollo de los hechos, transcribiré las cartas que envié a Sherlock Holmes y que tengo delante de mí, sobre la mesa. Tan sólo falta una página; por lo demás, son copia fiel de mis escritos, y muestran mis sentimientos y las sospechas que tuve en aquellos momentos con más precisión que la que permitiría mi memoria, por más claros que tuviese estos trágicos acontecimientos.

Mansión de los Baskerville, 13 de octubre

Mi querido Holmes:

Las cartas y telegramas que le he remitido hasta la fecha le han mantenido bien al corriente sobre todo lo que ha ocurrido en este rincón del mundo tan olvidado de Dios. Cuanto más tiempo permanece uno aquí, más el misterio del páramo penetra en su mente, su extensión y también su fúnebre belleza. Cuando uno está fuera de su centro, ha dejado atrás todos los vestigios de la moderna Inglaterra, pero por otro lado es consciente de la existencia de las casas y de la labor del hombre prehistórico. Mientras camina, a sus lados están las casas de esta gente olvidada, con sus sepulturas y los enormes monolitos que se supone tenían sus templos. Cuando se miran los cobertizos de piedra gris, apoyados en las desnudas colinas, se olvida la era en que vivimos y, si pretendiéramos ver a un hombre vestido con pieles, velludo, salir agachado por la baja puerta, llevando una lanza con punta de sílex colgada de su hombro, veríamos que su presencia allí era más natural que la nuestra. Lo curioso es que debieron vivir muy concentrados en una zona en la que las tierras eran de lo más estéril. No soy un historiador, pero pude imaginarme que era una raza contraria a las guerras y muy hostigada, que ha sido obligada a aceptar aquello que nadie más quiso ocupar.

Sin embargo, todo esto se aparta de la misión que me encomendó y probablemente tendrá muy poco interés para su mente tan práctica. Aún puedo recordar su total indiferencia sobre si el Sol gira alrededor de la tierra o la Tierra alrededor del Sol. Por lo tanto, permítame que vuelva a los hechos referentes a *sir* Henry Baskerville.

El que no haya recibido ningún informe en los últimos días se debe a que hasta la fecha no hubo nada importante que relatar. Entonces tuvo lugar un hecho muy sorprendente que le comunicaré a su debido tiempo. Pero, en primer lugar, tengo que mantenerle al corriente sobre algunos otros factores de la situación.

Uno de ellos, del que he hablado poco, es el prisionero que se evadió de la cárcel y anda por el páramo. Existe ahora un fuerte motivo para creer que se ha marchado, lo cual es un considerable alivio para los solitarios habitantes de este distrito. Desde su huida han transcurrido quince días y durante este tiempo nadie lo ha visto ni se ha oído hablar de él. Ciertamente que es inconcebible que se haya podido ocultar en el páramo durante todo este tiempo. Naturalmente, por lo que respecta a ocultarse, no existe ninguna dificultad. Cualquiera de esas cuevas de granito sería un buen escondite.

Pero no hay nada para comer, a no ser que cazara y matara a una de las ovejas del páramo. Creemos que se ha marchado, y así los granjeros pueden tener un sueño más tranquilo.

En esta casa somos cuatro hombres fuertes y por ello podemos cuidarnos unos a otros, pero debo confesar que he tenido momentos difíciles cuando he pensado en los Stapleton. Viven a millas de distancia de alguien que les pueda ayudar. Solamente hay una criada, el viejo sirviente y los amos, el hombre y su hermana, y el primero no es muy fuerte. En manos de un hombre desesperado como lo es este asesino de Notting Hill, si consiguiera entrar en la casa, estarían a su merced. Pero *sir* Henry y yo nos preocupamos de su situación y se sugirió que Perkins, el criado, iría a dormir a su casa, pero Stapleton no quiso ni oír hablar de ello.

El hecho es que nuestro amigo *sir* Henry empieza a mostrar un considerable interés por nuestro honrado vecino. No es de extrañar, ya que el tiempo parece que no discurre en este solitario lugar para un hombre enérgico como él, y ella es una mujer muy bella y atractiva. Hay algo de tropical y exótico en ella que contrasta con su hermano, frío e impasible. Aunque me parece que la vehemencia de él está oculta. Seguramente tiene una influencia muy marcada sobre ella, ya que he visto que, cuando ella habla, le mira continuamente, como buscando su aprobación a lo que ha dicho. Creo que él es amable con su hermana. Existe un rictus seco en sus ojos y sus finos labios tienen una expresión firme, que demuestra un carácter positivo y posiblemente duro. Sería un estudio interesante para usted.

Vino a visitarnos a Baskerville ese primer día y a la mañana siguiente nos llevó para enseñarnos el lugar donde se cree que tuvo origen la leyenda del villano Hugo. Fue un paseo de unas cuantas millas, a través del páramo, hacia un lugar que es tan tenebroso que habría sido suficiente como para sugerir esta historia. Encontramos un corto valle entre dos cimas que conducen a un espacio abierto, con césped salpicado de hierba blanca como el algodón. En medio de éste se elevan dos grandes rocas, desgastadas y afiladas en la extremidad superior hasta parecer los enormes colmillos de alguna fiera monstruosa. Coincidía en todos sus aspectos con la escena de la vieja tragedia. *Sir* Henry estuvo muy interesado y más de una vez preguntó a Stapleton si realmente creía en la posibilidad de la interferencia de lo sobrenatural en la vida del hombre. Habló con aire de indiferencia, pero era evidente que se encontraba muy impresionado. Stapleton fue comedido en sus contestaciones, pero fue fácil ver que dijo menos de lo que sabía y que, si no expresó la totalidad de sus opiniones, fue para no impresionar aún más la mente de *sir* Henry. Nos habló de casos similares, en los cuales familias enteras habían sufrido alguna mala influencia, y nos dejó con la impresión de que compartía las creencias populares sobre el asunto.

Volviendo a casa, nos quedamos a comer en Merripit House y fue entonces cuando *sir* Henry conoció a la señorita Stapleton.

A partir del momento de verla, pude apreciar que se sentía muy atraído por ella y estaré muy equivocado si el sentimiento no fue mutuo. En el camino de vuelta habló de ella una y otra vez y desde entonces es difícil que transcurra un día sin que hablemos de los hermanos. Hoy por la noche vienen a cenar y se ha proyectado que la semana próxima iremos a su casa. Uno se puede suponer que el asunto le vendría muy bien a Stapleton, aunque en más de una ocasión yo haya visto una mirada de la mayor desaprobación es su rostro cuando *sir* Henry prestaba atención a su hermana. Están muy unidos, de eso no hay duda, y sin ella llevaría una vida solitaria; pero parecería el colmo del egoísmo si impidiera que ella realizara una boda tan brillante. Asimismo, estoy seguro de que él no desea que su amistad desemboque en amor y varias veces he observado que hacía todo lo posible para evitar que se quedasen hablando a solas. A propósito: sus instrucciones de que jamás deje que *sir* Henry salga solo se volverán mucho más difíciles de cumplir si hay que añadir una relación amorosa a las demás dificultades. Mi popularidad pronto se vería afectada si tengo que cumplir sus órdenes a rajatabla.

El otro día, jueves para ser más exacto, el doctor Mortimer comió con nosotros. Estuvo excavando un túmulo en Long Down y consiguió un cráneo prehistórico que le ha llenado de alegría. ¡Nunca había visto a nadie tan entusiasmado!

Después de la comida vinieron los Stapleton y el buen médico los llevó a todos a la alameda, a ruegos de *sir* Henry, para enseñarles exactamente cómo había sucedido todo aquella noche fatal. La alameda es un camino largo y triste, entre dos altos muros de zarzas, con una angosta faja de césped a cada lado. Al fondo está una glorieta antigua en ruinas. A mitad de camino está la puerta hacia el páramo, donde el anciano dejó caer la ceniza de su puro. Es una puerta de madera blanca con un pestillo. Detrás queda el ancho páramo. Recordé su teoría sobre el asunto e intenté hacerme una idea de todo lo que había pasado. Cuando el anciano se detuvo allí, vio venir algo a lo largo del páramo, algo que le aterrorizó tanto que perdió la calma y se puso a correr, hasta morirse de terror y agotamiento. Había un largo y oscuro túnel, por el cual huyó. ¿De qué huía? ¿De un perro pastor del páramo? ¿O de un dogo espectral, negro, silencioso y monstruoso? ¿Existía algo intencionado en el asunto? ¿Conoce el pálido y vigilante Barrymore más de lo que dijo? Todo fue oscuro y vago, pero siempre existe la negra sombra del crimen detrás de ello.

He conocido a otro vecino desde que escribí la carta

anterior. Se trata del señor Frankland, de la mansión Lafter, que vive a unas cuatro millas al sur de nosotros. Es un hombre mayor, de cara rojiza, pelo blanco y carácter iracundo. Su pasión es la ley británica y se ha gastado una gran fortuna en litigios. Lucha por el mero placer de luchar y está igualmente dispuesto para defender cualquier aspecto de una cuestión, y por eso no es de extrañar que él lo haya encontrado una distracción muy cara. Algunas veces cierra un derecho de paso y reta a la parroquia a que le haga abrirlo. Otras veces, con sus propias manos destruye la verja de alguien y declara que allí había existido un paso desde tiempos inmemoriales, desafiando al propietario a que lo denuncie por intrusión en finca ajena. Sabe mucho de derechos antiguos de señorío y comunidad y algunas veces emplea sus conocimientos a favor de los vecinos de Fernworthy y otras veces en contra de ellos, así que periódicamente es llevado a hombros por las calles del pueblo o bien queman su efigie, según haya sido su última proeza. Se dice que en este momento lleva en sus manos unas siete acciones judiciales, que probablemente engullirán lo que queda de su fortuna, dejándole indefenso para el futuro. Aparte de lo jurídico, parece ser una persona buena y amable, y solamente me refiero a él, ya que hemos quedado en que yo le enviaría una descripción de las gentes que nos rodean. De momento se encuentra bastante ocupado, ya que, siendo un astrónomo aficionado, posee un excelente telescopio con el cual se entretiene en el tejado de su casa y otea el páramo durante el día, esperando ver al preso escapado de la cárcel. Si nada más se dedicara a esto, todo iría bien, pero hay rumores de que pretende denunciar al doctor Mortimer por abrir una tumba sin el consentimiento de los parientes más próximos, ya que excavó para sacar el cráneo neolítico en el túmulo de Long Down.

Nos ayuda a conseguir que nuestras vidas no sean tan

monótonas y proporciona algo de cómico alivio donde es tan necesario.

Y ahora, habiéndole puesto al corriente sobre el preso fugado, los Stapleton, el doctor Mortimer y Frankland, de la mansión de Lafter, terminaré con lo más importante y le hablaré más de los Barrymore y en especial sobre los sorprendentes hechos de la noche pasada.

En primer lugar, trataré del telegrama de prueba que usted envió desde Londres al objeto de asegurarse de que Barrymore se encontraba realmente aquí. Ya expliqué que el testimonio del jefe de correos demuestra que la prueba fue inútil y que no disponemos de pruebas afirmativas ni negativas. Dije a *sir* Henry cómo se quedó el asunto, y de inmediato, con su habitual franqueza, llamó a Barrymore y le preguntó si había sido él personalmente quien recibió el telegrama. Barrymore dijo que sí.

—¿Se lo entregó el chico en mano? —preguntó *sir* Henry.

Barrymore miró sorprendido y quedó pensativo durante algún tiempo.

—No —contestó—. En ese momento estaba en el trastero y mi mujer me lo trajo.

—¿Lo contestó usted mismo?

—No, le dije a mi mujer que contestara, y ella bajó a escribirlo.

Por la noche volvió sobre el tema por iniciativa propia.

—No pude entender muy bien la finalidad de sus preguntas esta mañana, *sir* Henry —dijo—. ¿Supongo que no querían decir que yo haya hecho algo que me haga perder su confianza?

Sir Henry tuvo que asegurarle que no se trataba de ello y calmarle regalándole una parte considerable de sus viejos trajes, ya que acababa de llegar la ropa comprada en Londres.

La señora Barrymore también despierta mi curiosidad. Es una mujer gruesa, con poca inteligencia, muy respetable y bastante inclinada al puritanismo. Le será difícil imaginarse una persona menos sentimental. No obstante, tengo que decirle cómo la oí sollozar amargamente durante la primera noche que pasé aquí, y desde entonces, más de una vez, he visto vestigios de lágrimas en su rostro. Su corazón alberga algún desagradable disgusto. Algunas veces me pregunto si tiene algún recuerdo de culpabilidad que la persigue y también sospecho si Barrymore no será un tirano en su hogar. Siempre he creído que hay algo extraño y discutible en el carácter de este hombre, pero la aventura de la noche pasada no hace más que despertar todas mis sospechas.

Sin embargo, puede que parezca un asunto sin importancia. Ya sabe que no tengo un sueño muy pesado y desde que estoy de guardia en esta casa mi sueño es más ligero que nunca. La noche pasada, cerca de las dos de la madrugada, fui despertado por un ruido de pasos cautelosos cerca de mi dormitorio. Me levanté, abrí la puerta y eché una rápida mirada hacia fuera. Una larga sombra negra llegaba al fondo del pasillo. La proyectaba un hombre que caminaba sigilosamente con una vela en la mano. Iba descalzo y vestía camisa y pantalones. Solamente pude ver la silueta, pero su altura me indicó que se trataba de Barrymore. Caminaba muy despacio y cautelosamente y en todo su aspecto había algo indescriptiblemente sospechoso y furtivo. Le he dicho que el pasillo está cortado por un balcón que rodea todo el vestíbulo, pero que éste se reanuda en el otro extremo. Aguardé hasta que desapareciera de mi vista y entonces lo seguí. Cuando llegué al balcón, él había alcanzado el final del pasillo y pude ver por la luz que se filtraba a través de una puerta abierta que había entrado en una de las habitaciones. Lo que ocurre es que todas estas habitaciones están desocupadas y sin muebles, por lo cual su presencia se volvió más misteriosa que nunca. La luz si-

guió brillando como si él estuviera inmóvil. Seguí por el pasillo, lo más silenciosamente que me fue posible, y miré por la puerta entreabierta.

Barrymore estaba agachado bajo la ventana sujetando la vela junto al cristal. Su perfil estaba medio vuelto hacia mí y su rostro me pareció estar rígido, en expectativa, mientras miraba hacia fuera, hacia la oscuridad del páramo. Durante unos minutos estuvo mirando atentamente. Luego suspiró profundamente y con un gesto de impaciencia apagó la vela. Volví inmediatamente a mi dormitorio y al cabo de muy poco tiempo oí los pasos cautelosos una vez más, ahora en su viaje de regreso. Mucho después, cuando había entrado en un sueño ligero, oí una llave que giraba en una cerradura en algún lugar, pero no pude saber de dónde provenía el ruido. No puedo decir lo que significa todo esto, pero en esta misteriosa casa hay algún secreto que más pronto o más tarde conseguiré conocer. No quiero molestarle con mis teorías, ya que usted me pidió que solamente le proporcionara hechos.

Esta mañana he mantenido una larga conversación con *sir* Henry y hemos establecido un plan de campaña basado en mis descubrimientos de la pasada noche. En este momento no hablaré de él, pero seguro que la lectura de mi próximo informe será muy interesante.

IX

La luz en el páramo

(Segundo informe del dortor Watson)

Mansión de los Baskerville, 15 de octubre

Mi querido Holmes:

El que haya sido obligado a dejarle sin noticias durante los primeros días de mi misión le hará reconocer que estoy recuperando el tiempo perdido y que los acontecimientos llegan ahora a nosotros con rapidez y a montones. En mi último informe terminé mi relato con Barrymore en la ventana y ahora tengo ya una narración que, a no ser que mucho me equivoque, le sorprenderá bastante. Los hechos han tomado un rumbo que yo no podía prever. En cierto grado, dentro de las últimas cuarenta y ocho horas todo se ha vuelto mucho más claro, aunque en otros aspectos todo se ha vuelto más complicado. Pero se lo voy a contar todo para que lo juzgue usted mismo.

Antes del desayuno de la mañana siguiente a mi descubrimiento, caminé por el pasillo y examiné la habitación donde había estado Barrymore la noche anterior. La ventana que da al oeste, por la cual él había mirado tan atentamente, tiene, según pude ver, una peculiaridad que la distingue de las demás ventanas de la casa: es la que permite ver el páramo más de cerca. Existe un espacio entre dos árboles que permite desde este lugar de observación mirar directamente hacia el páramo, mientras que desde todas las otras ventanas solamente se puede conseguir una visión distante. Se deduce, por lo tanto, que Barrymore, puesto que solamente esta ventana satisface su objetivo, tiene que haber estado intentando ver algo o a alguien en el páramo. La noche era muy oscura, por lo cual difícilmente puedo hacerme a la idea de que haya conseguido ver a alguien. No me sorprendería que estuviéramos delante de una intriga amorosa. Eso justificaría sus cautelosos movimientos y también el desasosiego de su mujer. El hombre tiene muy buena presencia, lo cual le da buenas posibilidades de robar el corazón de cualquier chica del campo, por eso me pareció que esta teoría tiene algo que la apoya. El ruido de una puerta que se abría despues de haber vuelto a mi habitación podría significar que él había salido para tener algún encuentro clandestino. Así lo he discurrido por la mañana y le comunico el camino que llevan mis sospechas por mucho que el resultado pueda probar que eran infundadas.

Pero cualquiera que pueda ser la explicación de los movimientos de Barrymore, me siento en la obligación de reservármela, hasta que se la pueda explicar más detalladamente.

Tuve una conversación con *sir* Henry en su estudio después del desayuno y le conté todo lo que había visto. Quedó menos sorprendido de lo que yo esperaba.

—Sabía que Barrymore paseaba por las noches y tenía intenciones de hablarle de ello —dijo—. Dos o tres veces oí sus pasos de un lado para otro del pasillo justamente a la hora que usted dice.

—Entonces es probable que visite todas las noches esa ventana especial —sugerí.

—Quizá lo haga. Si es así, podremos vigilarle y descubrir de qué se trata. Me pregunto qué hubiera hecho su amigo Holmes si se encontrara aquí.

—Creo que haría exactamente lo que usted está sugiriendo —le dije—. Habría seguido a Barrymore para ver lo que hacía.

—Entonces debemos hacerlo nosotros.

—Pero lo más probable es que nos oiga.

—El hombre es bastante sordo y nos aprovecharemos de ello. Esta noche nos sentaremos en mi habitación y aguardaremos que él pase.

Sir Henry frotó las manos con satisfacción y era evidente que aclamaba la aventura como un alivio para esta vida algo aburrida en el páramo.

Sir Henry habló con el arquitecto que hizo los planos para *sir* Charles y con un contratista de Londres, por lo cual esperamos que muy pronto surjan grandes cambios. Han venido decoradores y vendedores de muebles de Plymouth y no hay duda de que nuestro amigo tiene grandes ideas y no pretende ahorrarse esfuerzos y gastos para restaurar la grandeza de la familia. Cuando la casa esté restaurada y reamueblada, lo único que necesitará para completar la escena es una esposa. Aquí, para nosotros, hay síntomas bastante evidentes de que no le faltará eso, si la dama lo desea, ya que raramente he visto a un hombre más encaprichado por una mujer que *sir* Henry por nuestra bella vecina, la señorita Stapleton. No obstante, la marca del verdadero amor no transcurre tan tranquilamente como sería de esperar bajo estas circunstancias.

Hoy mismo, por ejemplo, tuvo lugar una contrariedad muy inesperada que ha causado a nuestro amigo bastante confusión y pesadumbre.

Después de la conversación que he narrado sobre Barrymore, *sir* Henry se puso el sombrero y se decidió a salir. Como es lógico, yo hice lo mismo.

—Bueno, ¿va a venir, Watson? —preguntó mirándome de un modo extraño.

—Depende de si tiene usted intenciones de ir al páramo —le contesté.

—Sí, así es.

—Y bien, ya conoce mis órdenes. Lamento importunarle, pero ha oído cómo Holmes insistió en que yo no le debería dejar nunca solo y en especial que usted no debería dirigirse al páramo sin ser acompañado.

Sir Henry puso la mano sobre mi hombro, con una grata sonrisa.

—Mi querido amigo Holmes —dijo—, con todo su saber, no ha previsto algunas cosas que han tenido lugar desde que yo estuve en el páramo. ¿Sabe a qué me refiero? Tengo la seguridad de que usted sería el último hombre en el mundo que desearía aguarme la fiesta. Tengo que ir solo.

Me puso en una posición muy violenta. No sabía qué decir ni qué hacer, y antes de que me decidiera, ya había cogido su bastón y se había marchado.

Pero, cuando pude pensar en el asunto, mi conciencia me reprochó duramente haberle dejado fuera de mi vista bajo ningún pretexto. Me puse a pensar en lo que sentiría si tuviera que volver junto a usted para confesar que había ocurrido una desgracia por haber incumplido sus instrucciones. Le puedo asegurar que sólo de pensarlo me sonrojaba. Como aún tenía posibilidades de atraparle, salí de inmediato en dirección a la casa de Merripit House.

Me apresuré por el camino tanto como pude, sin ver vestigios de *sir* Henry, hasta llegar al punto donde el sendero del páramo se bifurca. Allí, temiendo que podía haber venido en la dirección equivocada, me subí a una colina desde la cual podía dominar el lugar: la misma colina que está cortada en la oscura cantera. Le vi de inmediato. Estaba en el camino del páramo, a cerca de un cuarto de milla de distancia, y a su lado estaba una dama que no podía ser otra sino la señorita Stapleton. Estaba claro que ya había un entendimiento entre ellos y que se habían encontrado mediante una cita. Caminaban lentamente, conversando, y a ella la vi hacer rápidos movimientos con las manos como si tuviera el mayor interés en lo que decía, mientras que él la escuchaba atentamente, moviendo la cabeza una o dos veces manifestando su disconformidad. Permanecí entre las rocas vigilándoles, muy indeciso sobre lo que debería hacer a continuación. Seguirlos y entrometerme en su íntima conversación me parecía un ultraje, aunque mi deber fuera no perderle de vista a él ni por un instante. Espiar a un amigo era una tarea odiosa. Asimismo, no pude encontrar mejor solución que observarlos desde la colina y limpiar mi conciencia confesándole después lo que había hecho. La verdad es que, si algún peligro le hubiese amenazado, yo estaba demasiado lejos para servir de algo, aunque estoy seguro de que estará de acuerdo en que mi situación era muy difícil y que no había otra cosa que yo pudiera hacer.

Nuestro amigo *sir* Henry y la dama se habían detenido en el camino y seguían muy absorbidos en su conversación, cuando de pronto me di cuenta de que no era el único testigo de su entrevista. Una mancha verde flotando en el aire llamó mi atención, y al mirar mejor, vi que era la punta de una varilla que llevaba un hombre que se movía. Era Stapleton, con su red de cazar mariposas. Se encontraba mucho más cerca de la pareja que yo y vi que se desplazaba hacia ellos. En ese momento, *sir* Henry atrajo súbitamente hacia sí a la señorita Stapleton. Su brazo la rodeaba, pero me pareció que ella se esforzaba por apartarse de él desviando el rostro. Él inclinó la cabeza hacia la suya, pero ella levantó una mano en señal de protesta. Luego vi que se separaban y se giraban rápidamente. Stapleton era el motivo de la interrupción. Iba corriendo enloquecido hacia ellos, con su absurda red colgando detrás. Gesticulaba y casi bailaba excitado delante de los enamorados. No podía imaginar lo que significaba la escena, pero me pareció que Stapleton estaba increpando a *sir* Henry, quien presentaba explicaciones, que se volvieron más agrias cuando el otro rehusaba aceptarlas. La dama permanecía en profundo silencio. Finalmente, Stapleton giró sobre sus talones y de forma perentoria hizo señas a su hermana, quien después de una mirada indecisa hacia *sir* Henry, se marchó al lado de su hermano.

Los gestos airados del naturalista probaban que la chica era la causa de su disgusto. Durante un minuto, *sir* Henry se quedó mirándoles mientras se alejaban y luego lentamente reemprendió el camino por donde había venido, con la cabeza inclinada, con verdaderas muestras de desánimo.

No pude discernir lo que significaba todo esto, pero me quedé profundamente avergonzado por haber sido testigo de una escena tan íntima sin que mi amigo lo supiera. Por lo tanto bajé rápidamente de la colina y encontré abajo a *sir* Henry. Su rostro estaba rojo de ira y sus cejas estaban ceñudas, como alguien que no sabe a qué atenerse.

—¡Hola, Watson! ¿De dónde ha salido? —dijo—. ¿No irá a decirme que a pesar de todo me ha seguido?

Se lo expliqué todo: que me había resultado imposible quedarme, que me decidí a seguirle y también cómo había sido testigo de todo lo ocurrido. Por unos momentos sus ojos me miraron encendidos de ira, pero mi sinceridad desarmó su rabia y por fin se puso a reír con tristeza.

—Habría pensado que el centro de esa pradera era un lugar bastante seguro para que un hombre hable en privado —dijo él—, pero ¡vaya por dónde me parece que todo el pueblo ha salido para ver mi galanteo! ¡Y qué

triste ha sido el galanteo! ¿Dónde ha conseguido usted un asiento?

—Estaba en esa colina.

—Casi en la última fila, ¿verdad? Pero su hermano estaba bastante delante. ¿Lo ha visto dirigirse hacia nosotros?

—Sí, lo vi.

—¿Nunca le ha parecido que este hermano de la chica está loco?

—No puedo decir que así sea.

—Yo no diría eso. Siempre lo consideré bastante sano, hasta hoy, pero le puedo decir que uno de los dos debería llevar una camisa de fuerza. ¿Qué me pasa, de todos modos? Hace algunas semanas que usted vive junto a mí, Watson. Dígame con toda la sinceridad, sin rodeos. ¿Existe algo que me impida ser un buen marido para la mujer que amo?

—Tengo que decir que no.

—Él no puede negar mi posición social, por lo tanto es de mi persona de la que podrá hablar. ¿Qué tiene él en contra mía? Que yo sepa, jamás he hecho daño a nadie en mi vida y, sin embargo, no me permitiría que tocara con las puntas de los dedos a su hermana.

—¿Eso fue lo que dijo?

—Eso y mucho más. Le diré, Watson, solamente la conozco desde hace unas pocas semanas, pero desde el primer momento sentí que estaba hecha para mí y lo mismo le pasó a ella, se encontraba a gusto cuando estaba a mi lado, y eso puedo jurarlo. Existe un brillo en los ojos de una mujer que habla más que las palabras. Pero él nunca nos ha dejado solos y hoy ha sido la primera vez que tuve la oportunidad de hablar con ella un poco a solas. Estaba contenta de encontrarme; pero cuando lo hizo no fue de amor de lo que deseaba hablar y si hubiese podido impedirlo tampoco me hubiera dejado hablar de ello. Volvió a decir que éste era un lugar peligroso y que hasta que me marchara no estaría tranquila. Le dije que desde que la había conocido no deseaba marcharme y que si realmente quería que me fuera, la única forma de conseguirlo era marcharse conmigo. Propuse que nos casáramos, pero antes de que me pudiera contestar apareció su hermano, corriendo hacia nosotros con una mirada de loco. Estaba pálido de rabia y sus brillantes ojos se fijaban en mí con furia. ¿Qué iba yo a hacer con la chica? ¿Cómo osaba pedir su cariño si eso la disgustaba? ¿Es que creía que por el hecho de tener sangre azul podía hacer lo que se me antojara? Si no fuera su hermano le habría contestado de otro modo. Como lo es, me limité a decirle que mis sentimientos hacia su hermana no me avergonzaban y que lo que deseaba es que me diera el honor de convertirse en mi esposa. Eso no mejoró el asunto, así que también perdí los estribos y le repliqué lo más duramente que pude, quizá teniendo en cuenta que ella estaba presente. Todo acabó cuando él se marchó con ella, como usted ha visto, y aquí me tiene tan confuso como puede estar un hombre en estos parajes. Sólo quiero que me diga lo que significa todo esto, Watson, y le deberé más de lo que jamás podré pagar en mi vida.

Intenté una o dos explicaciones, pero la verdad es que

yo también estaba completamente confuso. El título de nuestro amigo, su fortuna, su edad, su carácter y su aspecto, todo estaba a su favor y no conozco nada en contra suya, a no ser ese oscuro destino que existe sobre su familia. El que sus pretensiones sean rechazadas tan bruscamente sin consultar la voluntad de la chica y que ésta acepte la situación sin protestar es muy sorprendente. No obstante, nuestras conjeturas quedaron interrumpidas por la visita del propio Stapleton esa misma tarde. Había venido a presentar sus disculpas por la acritud con la que había hablado por la mañana y, después de una larga conversación a solas con *sir* Henry en su escritorio, la disputa quedó zanjada, y como prueba de ello fuimos invitados a cenar en Merripit House el viernes siguiente.

—Ahora no puedo decir que no esté loco —dijo *sir* Henry—; no puedo olvidar su mirada cuando corría hacia mí esta mañana, pero tengo que admitir que nadie podría presentar unas disculpas tan afables como lo hizo él.

—¿Dio alguna explicación sobre su conducta?

—Su hermana es todo lo que tiene en la vida, dice él. Eso es bastante natural y me satisface que él entienda cuánto vale ella. Siempre han estado juntos y, según su relato, ha sido un hombre muy solitario, que nada más tuvo como compañía a su hermana, así que el pensar que la iba a perder era algo realmente terrible para él. Dijo que no se había enterado de que yo estaba enamorado de ella, pero que cuando vio con sus propios ojos que era realmente así, y que la podría apartar de él, el golpe fue tan grande que perdió el control de lo que decía o hacía. Lamentaba mucho lo ocurrido y reconocía lo terco y egoísta que era al imaginar que podría guardar para él una bella mujer como su hermana durante toda la vida. Si ella tuviera que abandonarle, preferiría que fuese con un vecino como yo antes que con cualquier otra persona. Pero, en cualquier caso, sería un golpe para él y tardaría algún tiempo en prepararse para afrontarlo. Por su parte retiraría toda la oposición si yo le prometía que dejaba el asunto pendiente durante tres meses y me contentaba con cultivar la amistad de la chica durante ese tiempo sin hablarle de amor. Se lo prometí y así está el asunto.

Así que hemos aclarado uno de nuestros pequeños misterios. Es algo que ha tocado hondo en este mar en el cual bogamos. Ahora sabemos por qué Stapleton miraba con desagrado al pretendiente de su hermana, aunque ese pretendiente fuera tan respetable como *sir* Henry. Ahora pasaré a hablar de otro hilo que he extraído de la enmarañada madeja y que es el misterio de los sollozos por la noche, del rostro magullado de la señora Barrymore, del paseo secreto del mayordomo hacia la ventana oeste de la casa. Felicíteme, querido Holmes, y dígame que no le he defraudado como enviado y que no lamenta la confianza que me demostró cuando me mandó que viniera aquí. Todo esto se ha aclarado con el trabajo de una sola noche.

He dicho "con el trabajo de una sola noche", pero la verdad es que fue con el trabajo de dos noches, ya que en la primera quedamos completamente en blanco. Me senté con *sir* Henry en su habitación hasta cerca de las tres de la madrugada, pero no oímos ningún ruido a no ser el tictac del reloj en la escalera. Fue una vigilia de lo más melancólico y terminó con ambos dormidos en las sillas. Afortunadamente no nos desalentó y decidimos volver a intentarlo. La noche siguiente bajamos la luz y nos sentamos fumando cigarrillos, sin hacer el menor ruido. Era increíble cómo costaba dejar pasar el tiempo, aunque nos ayudara algún tipo de paciente interés, como el que el cazador tiene que sentir cuando vigila la cueva donde cree que se encuentra la presa. Dieron la una, las dos y casi por segunda vez nos sentíamos desalentados, cuando de pronto nos incorporamos en nuestras sillas, con todos nuestros sentidos bien despiertos una vez más. Habíamos oído el crujir de una pisada en el pasillo.

Muy en silencio lo oímos pasar hasta perderse en la distancia. Entonces, *sir* Henry abrió cautelosamente la puerta de su cuarto y salimos en su persecución. Nuestro hombre ya había llegado a la galería y el pasillo estaba completamente a oscuras. Caminamos silenciosamente hasta llegar a la otra ala. Llegamos justamente a tiempo de ver la larga silueta de barba negra y hombros gruesos cuando caminaba de puntillas por el pasillo. Luego entró en la misma puerta de antes, y la luz de la vela la enmarcaba en la oscuridad despidiendo un brillo amarillento hacia el pasillo. Con mucho cuidado nos acercamos a la puerta, midiendo cada paso antes de apoyarnos en el suelo. Habíamos tomado la precaución de dejar las botas, pero, incluso descalzos, los viejos tablones crujían bajo nuestro peso. Algunas veces parecía imposible que no escuchara nuestro acercamiento. Sin embargo, el hombre era, por suerte, bastante sordo y estaba totalmente abstraído en lo que estaba haciendo. Cuando al final llegamos a la puerta y miramos hacia dentro, le encontramos agachado junto a la ventana, la vela en su mano, el rostro atento apoyado en el cristal, exactamente como yo lo había visto hacía dos noches.

No establecimos ningún plan de campaña, pero *sir* Henry es un hombre para quien el modo más directo es siempre el más natural. Entró en la habitación y, al hacerlo, Barrymore se apartó de la ventana con un siseo y permaneció inmóvil, lívido y temblando delante de nosotros. Sus ojos negros brillaban en su lívido y blanco rostro y estaban llenos de terror y sorpresa, mientras su mirada iba de *sir* Henry hacia mí.

—¿Qué está usted haciendo aquí, Barrymore?

—Nada, señor —su agitación era tal que le resultaba difícil hablar y las sombras subían y bajaban de la vela, en su temblorosa mano—. Es la ventana, señor. Por la noche doy una vuelta para comprobar si están cerradas.

—¿En el segundo piso?

—Sí, señor, todas las ventanas.

—Mire, Barrymore —dijo *sir* Henry secamente—, hemos decidido que nos va a decir la verdad, así que se ahorrará problemas si la dice pronto. ¡Venga, ya! ¡Nada de mentiras! ¿Qué estaba haciendo en esa ventana?

El hombre nos miró con aire impotente y juntó las manos como alguien que está al máximo de dudas y desgracias.

—No estaba haciendo nada malo, señor. Sujetaba una vela junto a la ventana.

—¿Y por qué estaba sujetando una vela junto a la ventana?

—No me lo pregunte, *sir* Henry, ¡no me lo pregunte! Le doy mi palabra, señor, que el secreto no es mío y que no puedo decírselo. Si el asunto fuera solamente mío, no intentaría ocultárselo.

De repente, se me ocurrió una idea y saqué la vela de la repisa de la ventana, donde el mayordomo la había colocado.

—Seguro que la sujetaba para transmitir alguna señal —dije yo—. Veamos si hay alguna contestación.

La sujeté tal como había hecho él y miré hacia fuera, en la oscuridad de la noche. Pude vislumbrar vagamente la oscura silueta de los árboles y la más clara inmensidad del páramo, ya que la luna estaba detrás de las nubes. De repente, solté un grito de júbilo, ya que un débil brillo de luz amarillenta había atravesado súbitamente el negro velo y podía verse fijamente en el centro del oscuro marco formado por la ventana.

—¡Ahí está! —exclamé.

—No, no, señor, no es nada; absolutamente nada —cortó el mayordomo—; se lo aseguro, señor...

—Mueva su luz a lo largo de la ventana, Watson —gritó *sir* Henry—. ¿Ve? ¡La otra también se mueve! Y bien, pillo, ¿niega que es una señal? Venga, ¡hable! ¿Quién es el cómplice que está allí y qué es lo que están conspirando ustedes?

La expresión del hombre se volvió francamente desafiante.

—Es asunto mío, no les pertenece. No hablaré.

—Entonces queda usted despedido ahora mismo.

—Muy bien, señor. Si tengo que marcharme, me iré.

—Y se va desacreditado. Por mil demonios, debería avergonzarse. Hace más de cien años que su familia ha vivido con la mía bajo este techo y le encuentro metido en oscura acción contra mí.

—No, señor, no; no, no es nada contra usted.

Era la voz de una mujer y la señora Barrymore, más pálida y más aterrorizada que su marido, estaba de pie junto a la puerta. Su gruesa silueta, cubierta por un chal, podría parecer cómica si no hubiera sido por la preocupación reflejada en su rostro.

—Tenemos que marcharnos, Eliza. Éste es el final. Puedes hacer las maletas —dijo el mayordomo.

—¡Oh, John, John! ¿Te he llevado a este extremo? Es culpa mía, *sir* Henry, toda mía. Nada ha hecho que no fuera por mí y porque se lo pedí.

—¡Hable entonces! ¿Qué quiere decir eso?

—Mi desgraciado hermano se muere de hambre en el páramo. No podemos dejar que se muera junto a nuestras puertas. La luz es la señal de que hay comida para él y su contestación luminosa es para indicar el lugar a donde hay que llevársela.

—Entonces su hermano es...

—El preso evadido, señor. Selden, el asesino.

—Es la verdad, señor —dijo Barrymore—. Dije que el secreto no me pertenecía y que no lo podía divulgar. Pero ahora que ya lo conoce verá que, si hay una conspiración, no es en contra de usted.

Ésta fue, pues, la explicación de los furtivos paseos

nocturnos y de la luz en la ventana. Tanto *sir* Henry como yo miramos a la mujer con sorpresa. ¿Sería posible que esta criatura tan respetable llevara la misma sangre que uno de los más terribles criminales del país?

—Sí, señor, mi nombre era Selden y él es mi hermano menor. Cuando era un niño le mimábamos demasiado y le dejábamos hacer todo aquello que le venía en gana, hasta que pensó que el mundo estaba hecho para su disfrute y que podía hacer en él todo lo que quisiera. Entonces creció, se juntó con malas compañías, el diablo se apoderó de él hasta que destrozó el corazón de mi madre y deshonró nuestro apellido hundiéndolo en el fango. Crimen tras crimen se hundió cada vez más, hasta que solamente la bondad de Dios lo salvó del cadalso; pero para mí, señor, siempre ha sido el chiquillo de pelo rizado que he criado y con el cual he jugado, como lo haría una hermana mayor. Por esa razón se escapó de la cárcel, señor. Sabía que yo estaba aquí y que no rehusaríamos ayudarle. Cuando apareció aquí arrastrándose una noche, cansado y hambriento, con los guardianes tras sus talones, ¿qué podíamos hacer? Lo recibimos, lo alimentamos y lo cuidamos. Luego usted ha vuelto, señor, y mi hermano pensó que estaría más seguro en el páramo que en cualquier otro lugar hasta que cesara la alarma y por eso se oculta allí. Pero cada dos noches nos aseguramos de si sigue ahí acercando la luz a la ventana, y si hay contestación, mi marido coge algo de pan y va a su encuentro. Todos los días deseamos que se haya ido, pero mientras esté no podemos abandonarlo a su suerte. Ésta es toda la verdad, ya que yo soy una mujer cristiana y honrada y podrá ver que si hay que culpar a alguien no es a mi marido sino a mí, en beneficio de quien él ha hecho todo lo que hizo.

Las palabras de la mujer eran pronunciadas con tanta formalidad que había en ellas convicción.

—¿Es verdad esto, Barrymore?

—Sí, *sir* Henry. Todo lo que ha dicho mi mujer es la verdad.

—Bien, no puedo culparle de que defienda a su mujer. Olvide lo que le he dicho. Váyanse a su cuarto los dos y por la mañana hablaremos de este asunto.

Cuando se marcharon, volvimos a mirar por la ventana. *Sir* Henry la abrió y el frío viento de la noche golpeó nuestros rostros. Muy a lo lejos, en la oscura distancia, seguía brillando aquel tenue punto de luz amarilla.

—No sé cómo se atreve —dijo *sir* Henry.

—Puede que esté tan bien situado que sea posible verle desde aquí.

—Es lo más probable. ¿A qué distancia cree que estará?

—Creo que cerca de Cleft Tor.

—O sea, que no hay más de una o dos millas.

—No llega a tanto.

—Claro, no puede estar lejos si Barrymore tiene que llevarle la comida. Y el villano está esperando detrás de la vela. ¡Por Dios, Watson, voy a salir a coger a ese hombre!

El mismo pensamiento había pasado por mi mente. No hubiera sido así si los Barrymore se hubiesen confesado a nosotros. Pero les habíamos sacado el secreto. El hombre era un peligro para la comunidad, un rodomado canalla que no merecía piedad ni disculpa. Solamente cumplíamos con nuestro deber al aprovechar esta oportunidad de devolverlo al lugar donde no podría hacer daño a nadie. Con su carácter brutal y violento, otros tendrían que pagar el precio si nos hubiésemos lavado las manos. Cualquier noche, por ejemplo, nuestros vecinos los Stapleton podrían ser atacados por él y había sido pensando en esto por lo que *sir* Henry tomó tan pronto su decisión.

—Iré con usted —dije yo.

—Entonces coja su revólver y póngase las botas.

Cuanto más pronto vayamos, mejor, ya que el villano puede apagar la luz y marcharse.

En cinco minutos estábamos fuera de la casa, empezando nuestra caminata. Caminábamos deprisa a través del oscuro sendero, entre los tristes gemidos del viento de otoño y el crujir de las hojas muertas. El aire de la noche era pesado por el olor a humedad y a podredumbre. Aquí y allá la luna se asomaba por unos instantes, pero el cielo estaba cubierto de nubes y justamente cuando llegábamos al páramo empezó a caer una fina lluvia. La vela aún permanecía encendida delante de nosotros.

—¿Está armado? —pregunté

—Llevo un garrote de caza.

—Nos tenemos que acercar rápidamente, ya que se dice que es un hombre desesperado. Debemos cogerle por sorpresa y tenerlo a nuestra merced antes de que pueda ofrecer resistencia.

—Me pregunto, Watson —dijo *sir* Henry—, ¿qué pensaría Holmes de esto? ¿Qué ocurre con esas horas de oscuridad en que se exaltan los poderes del mal?

Como si contestara a sus palabras, súbitamente se elevó de la inmensa soledad del páramo ese extraño grito que yo ya había escuchado al borde del gran charco de Grimpen. Nos lo trajo el viento a través del silencio de la noche; luego, un largo murmullo seguido de un estertor, para disiparse y volver a reinar el silencio. Se pudo oír una y otra vez, atronando el aire, estridente, salvaje y amenazador. *Sir* Henry me cogió de la manga y pude ver su rostro empalidecer en la oscuridad.

—¡Que Dios nos valga! ¿Qué es eso, Watson?

—No lo sé. Es un ruido que hay en el páramo. Ya lo había escuchado antes una vez.

Se apagó y se cerró sobre nosotros un absoluto silencio. Apuramos el oído pero no se oyó nada más.

—Watson —dijo *sir* Henry—, era el grito de un dogo.

La sangre se me heló en las venas, ya que había un

temblor en su voz que me indicó el súbito terror que se había apoderado de él.

—¿Cómo llaman a este ruido? —preguntó.

—¿Quiénes?

—Los campesinos de por aquí.

—Oh, son gente ignorante. ¿Por qué le interesa el nombre que le dan?

—Dígame, Watson. ¿Qué dicen de ello?

Vacilé por un momento, pero no pude eludir la pregunta.

—Dicen que es el aullido del sabueso de los Baskerville.

Soltó un quejido y luego, por unos momentos, quedó en silencio.

—Era un dogo —dijo por fin—, pero parecía venir de muchas millas de distancia, creo yo.

—Es difícil decir de dónde vino.

—Vino y se fue con el viento. ¿No es ésa la dirección del gran charco de Grimpen?

—Sí, lo es.

—Pues vino de ahí. Venga, Watson, ¿usted no cree que

fue el aullido de un dogo? No soy un niño. No tiene por qué temer decirme la verdad.

—Stapleton estaba conmigo cuando lo oí la otra vez. Dijo que podría ser el grito de un ave rara.

—No, no, era un dogo. ¡Por Dios! ¿Es que puede haber algo de verdad en todas esas historias? ¿Es posible que yo esté realmente en peligro por una causa tan oscura? Usted no lo cree, ¿verdad que no, Watson?

—No, no.

—Y una cosa sería reírse de ello en Londres y otra es estar aquí en la oscuridad del páramo y oír un grito como ése. ¡Y lo de mi tío! Estaba la pisada del dogo junto al sitio donde él yacía. Todo esto encaja. No creo que sea un cobarde, Watson, pero ese ruido parece que me heló la sangre. ¡Toque mi mano!

Estaba tan fría como un bloque de mármol.

—Mañana se le habrá pasado.

—No creo que pueda apartar ese grito de mi mente. ¿Qué me aconseja hacer ahora?

—¿Quiere que volvamos?

—No, ¡por Dios!; hemos salido para coger a nuestro hombre y lo haremos. Resulta que perseguimos a un asesino y un feroz sabueso nos persigue a nosotros. Vamos. Veremos si todas las fieras del mundo andan por el páramo.

Avanzamos dando traspiés, muy despacio en la oscuridad, teniendo alrededor las escarpadas colinas y delante el amarillento haz de luz. No hay nada que tanto decepcione como la distancia de una luz en una noche negra como el alquitrán. Algunas veces nos parecía que la luz brillaba muy lejos y otras que estaba a pocos metros. Por fin pudimos ver de dónde venía y supimos que estábamos realmente muy cerca. Una vela que goteaba estaba colocada en un hueco de las rocas, que la protegían del viento por ambos lados, y para que se pudiera divisar exclusivamente desde la mansión de los Baskerville. Una gran roca de granito ocultaba nuestro acercamiento y, agachados detrás de ella, nos deslizamos hacia la luz. Era extraño ver esta sencilla vela ardiendo en medio del páramo, sin señales de vida cerca: solamente la llama amarilla y el brillo de la roca a cada lado.

—¿Y ahora qué haremos? —dijo *sir* Henry en un murmullo.

—Esperar aquí. Tiene que estar cerca de la luz. Veamos si podemos vislumbrarle.

Acababa de pronunciar estas palabras cuando le vimos sobre las rocas, en cuya grieta ardía la vela; emergió un rostro amarillento, rostro de un terrible animal que parecía animado por viles intenciones. Lleno de fango, con una barba hirsuta salpicada de greña podría muy bien haber pertenecido a alguno de esos antiguos salvajes que vivían en cavernas, en las montañas. La luz debajo de él se reflejaba en sus pequeños ojos astutos, que miraban ferozmente a derecha e izquierda a través de la oscuridad, como un animal taimado y feroz que hubiese oído los pasos de los cazadores.

No hay duda de que algo había despertado sus sospechas. Puede que Barrymore tuviese alguna señal secreta que se nos olvidó hacer o que el hombre hubiese tenido algún otro motivo para pensar que las cosas iban mal, pero pude leer sus temores en su rostro crispado. En cualquier momento podría apagar la luz y desaparecer en la oscuridad. Por eso me adelanté, siendo seguido por *sir* Henry. En ese mismo momento, el preso corrió hacia nosotros y nos lanzó una gran piedra que fue a estrellarse contra la roca que nos había ocultado. Pude ver la silueta de un hombre bajito, fuerte, cuando estiró el pie y se giró para salir corriendo. En ese instante, por una feliz coincidencia, la luna brilló a través de las nubes. Echamos a correr hacia la cima de la colina y allí estaba nuestro hombre, bajando velozmente por el otro lado, saltando sobre las rocas a su modo, con la energía de una cabra montesa. Un tiro afortunado de mi revólver podría haberle alcanzado, pero lo había traído solamente para defenderme en caso de ser atacado y no para matar a un hombre desarmado que estaba huyendo.

Ambos éramos buenos corredores y estábamos en buenas condiciones físicas, pero pronto nos dimos cuenta de que no había posibilidades de alcanzarle. Lo vimos durante mucho tiempo a la luz de la luna, hasta que no era más que un pequeño punto que se desplazaba velozmente entre las rocas en la ladera de una colina distante. Corrimos hasta que desapareció completamente de nuestra vista y el espacio que nos separaba se hizo demasiado grande. Finalmente nos detuvimos y nos sentamos sobre dos piedras, mientras le veíamos desaparecer en la distancia.

Entonces fue cuando pasó algo de lo más extraño e inesperado. Nos habíamos levantado de las piedras y estábamos volviendo a casa, desistiendo de la infructífera cacería. La luna estaba ahora a nuestra derecha y se elevaba sobre la cima de un peñasco de granito contra la curva inferior de su disco plateado. Entonces, dibujada tan negra como una estatua de ébano en ese fondo brillante, vi la silueta de un hombre sobre el peñasco. No crea que se trataba de una visión, Holmes. Le aseguro que jamás en la vida he visto algo tan nítido. Por lo que pude ver, la silueta era de un hombre alto y delgado. Estaba con las piernas algo separadas, los brazos cruzados, la cabeza inclinada, como si estuviera oteando aquel lúgubre desierto de turba y granito que tenía delante. Podría haber sido el fantasma de ese horrible lugar. No era el fugado. Este hombre estaba lejos del lugar donde el prisionero había desaparecido. Además era mucho más alto. Con un grito de sorpresa avisé a *sir* Henry, pero en el momento en que me giré para asir su brazo, el hombre se había marchado.

El acerado peñasco de granito seguía cortando el

borde inferior de la luna, pero no había vestigio de esa silueta inmóvil y silenciosa.

Deseaba seguir en esa dirección y examinar el pico, pero estaba bastante alejado. Los nervios de *sir* Henry seguían tensos por aquel grito que le hizo recordar la triste historia de su familia y no estaba con ánimos para nuevas aventuras. No había visto a este hombre solitario sobre el pico y no pudo sentir el miedo que su extraña presencia y su actitud dominadora me habían causado.

—Un guardián, sin duda —dijo él—. El páramo ha estado lleno de ellos desde que este hombre se fugó.

Bueno, puede que su explicación fuera la correcta, pero me gustará tener más pruebas de ello. Hoy pretendemos informar al pueblo de Pricetown de que debe buscar al fugitivo en ese lugar, ya que no obtuvimos realmente el triunfo de devolverlo como nuestro prisionero.

Éstas son las aventuras de la pasada noche y tendrá que reconocer, mi querido Holmes, que mi informe es de lo más completo. Mucho de lo que le digo sin duda tendrá poca importancia, pero asimismo creo que es mejor que le cuente todos los hechos y dejarle que elija aquellos que le sean más útiles para sacar sus conclusiones. No hay duda de que estamos progresando algo.

Por lo que atañe a los Barrymore, descubrí el motivo de sus actos y eso aclaró mucho la situación. Pero el páramo, con sus misterios y sus extraños habitantes, permanece tan insondable como siempre. Quizá en mi próximo informe pueda también lanzar alguna luz sobre esto. Lo mejor sería que usted viniera a vernos.

X

EXTRACTO DEL DIARIO DEL DOCTOR WATSON

Hasta ahora he podido ir revelando el contenido de los informes que durante estos primeros días remití a Sherlock Holmes. He llegado al punto de mi relato en que estoy obligado a abandonar este método y volver a confiar en mis recuerdos, ayudado por el diario que mantuve al día. Algunos extractos de éste me llevarán a aquellas escenas que están fijadas de modo indeleble con todos los detalles en mi memoria. Continuaré, pues, desde la mañana siguiente a la abortada persecución del prisionero y a nuestras raras experiencias en el páramo.

16 de octubre.– Un día oscuro y de niebla, durante el cual lloviznaba. La casa está cubierta por espesas nubes que se levantan de vez en cuando para enseñar las sinuosas curvas del páramo, con finas venas plateadas a los lados de las colinas, y los distantes peñascos brillando donde la luz golpea sus húmedas caras. Todo ello induce a la melancolía. *Sir* Henry está de mal humor después de las sorpresas de la noche. Yo mismo siento el peso de mi corazón y el sentimiento de un inminente peligro, siempre presente, que es lo más terrible, ya que no puedo definirlo.

¿Y es que no tengo motivos para ese sentimiento? Tengan en cuenta la larga secuencia de acontecimientos que han indicado que alguna acción siniestra se teje a nuestro alrededor.

Está la muerte del último ocupante de la mansión, cumpliendo tan exactamente las amenazas de la leyenda de la familia, y están los repetidos relatos de los campesinos sobre una extraña criatura en el páramo. Por dos veces mis propios oídos han escuchado el sonido que se parecía al distante aullido de un dogo. Es increíble, imposible que se tratara de algo sobrenatural. Un dogo espectral que deja pisadas reales y que llena el aire con sus aullidos es algo que no se puede creer. Stapleton se adhiere a esa superstición y lo mismo hace Mortimer. Pero si alguna cualidad poseo, ésa es la del sentido común, y nada me persuadirá a creer en tal cosa. Hacerlo sería rebajarme al nivel de esos pobres campesinos que no se contentan con un sabueso diabólico, sino que necesitan describirlo echando llamas por la boca y los ojos. Holmes no escucharía estas fantasías, y yo soy su enviado. Pero los hechos son los hechos y la verdad es que escuché estos gritos por dos veces en el páramo. Supongamos que realmente había algún enorme dogo suelto por ahí; eso lo explicaría todo. ¿Pero dónde se oculta tal dogo, dónde obtiene el alimento, de dónde viene, cómo es que nadie lo ha visto a la luz del día?

Hay que confesar que la explicación natural presenta casi tantas dificultades como la otra. Aparte del perro, está el hecho de la acción humana en Londres, el hombre en el cabriolé y la carta que prevenía a *sir* Henry de los peligros del páramo. Por lo menos, esto era real, pero podría haber sido obra de un amigo protector, o bien de un enemigo. ¿Dónde está ahora ese amigo o enemigo? ¿Ha quedado en Londres o nos ha seguido hasta aquí? ¿Podrá ser el extraño que hemos visto sobre el pico?

La verdad es que solamente le pude echar una mirada

y hay algunas cosas que estoy dispuesto a jurar. No es nadie que yo haya visto aquí y en este momento ya he conocido a todos los vecinos. La silueta era mucho más alta que la de Stapleton, mucho más delgada que Frankland. Es posible que se tratara de Barrymore, pero lo habíamos dejado en la casa y estoy seguro de que no podría habernos seguido. Entonces hay un extraño que aún nos vigila, tan extraño como el que nos vigilaba en Londres.

Nunca nos lo hemos quitado de encima. Si yo pudiese echarle el guante, entonces podríamos encontrarnos en el final de todas nuestras dificultades. Para descifrar todo esto, precisaría dedicar todos mis esfuerzos.

Mi primer impulso fue contar a *sir* Henry todos mis planes. El segundo y más inteligente es jugar mi propio juego y hablar lo menos posible con quien sea. Él es callado y distraído. Sus nervios han sido extrañamente afectados por ese sonido en el páramo. No diré nada que pueda añadirse a esa inquietud, sino que tomaré mis propias medidas para alcanzar mi propio objetivo.

Esta mañana, después del desayuno, tuvimos una pequeña escena. Barrymore pidió poder hablar a solas con *sir* Henry y durante algún tiempo permanecieron encerrados en su escritorio. Sentado en la sala de billares, más de una vez oí que las voces subían de tono y pude hacerme una idea sobre el tema que estaban discutiendo. Pasado algún tiempo, *sir* Henry abrió la puerta y me llamó.

—Barrymore estima que tiene motivos de queja —dijo él—. Cree que es injusto por nuestra parte dar caza a su cuñado, cuando él por su propia voluntad nos ha revelado el secreto.

El mayordomo estaba de pie, muy pálido pero muy tranquilo, delante de nosotros.

—Puede que haya hablado con demasiado acaloramiento, señor —dijo—, y si lo he hecho le pido disculpas.

Al mismo tiempo me quedé muy sorprendido cuando les oí volver esta mañana y supe que habían estado dando caza a Selden. El pobre hombre ya tiene bastante contra lo que luchar sin que yo ponga a nadie sobre su pista.

—Si nos lo hubiera dicho por su libre voluntad, eso hubiera cambiado las cosas —dijo *sir* Henry—. Usted solamente nos lo dijo, o mejor dicho, su mujer solamente nos lo dijo cuando usted la obligó a ello, cuando usted se vio indefenso.

—No pensé que usted se aprovecharía de ello, *sir* Henry. La verdad..., no lo pensé.

—Ese hombre es un peligro público. Hay casas solitarias esparcidas por el páramo y se trata de un hombre que atacará sin motivo. Nada más hace falta mirarle para saber que es así. Vea, por ejemplo, la casa del doctor Stapleton, donde él es el único que puede defenderse. No hay seguridad para nadie hasta que se encuentre encerrado bajo llave.

—No forzará ninguna casa, señor. Le doy mi palabra de honor sobre eso. Y jamás volverá a molestar a nadie en este país. Le aseguro, *sir* Henry, que en pocos días se tomarán las medidas necesarias y se marchará a Suramérica. ¡Por el amor de Dios, señor, le ruego que no informe a la policía de que él sigue en el páramo! Han abandonado la persecución aquí y él puede estar tranquilo hasta que el barco esté listo para zarpar. No podrá hablar de él sin ponernos a mi mujer y a mí en dificultades. Le imploro, señor, que no diga nada a la policía.

—¿Qué dice usted a esto, Watson?

Me encogí de hombros.

—Si tuviéramos la seguridad de que se va del país, el pueblo se aliviaría de una carga.

—¿Pero qué me dice de la posibilidad de que coja a alguien antes de marcharse?

—No hará nada tan malo, señor. Le hemos dado todo

aquello que puede desear. Cometer un crimen sería revelar dónde se había ocultado.

—Eso es verdad —dijo *sir* Henry—. Bien, Barrymore...

—¡Que Dios le bendiga, señor! Gracias de todo corazón. Si lo volvieran a coger sería la muerte de mi mujer.

—Me temo que estamos ayudando y siendo cómplices de un villano, ¿verdad, Watson? Pero después de todo lo que hemos oído, no creo que pueda entregar a ese hombre, así que doy por terminado este asunto. Muy bien, Barrymore, puede marcharse.

Con algunas palabras de gratitud, el hombre se giró, pero vaciló y entonces volvió.

—Ha sido usted tan amable con nosotros, señor, que me gustaría pagarle con la misma moneda. Sé algo, *sir* Henry, y puede que debiera haberlo dicho antes, pero lo descubrí mucho después de la investigación. Hasta hoy no he dicho una sola palabra sobre ello a nadie. Es sobre la muerte del pobre *sir* Charles.

Sir Henry y yo nos pusimos inmediatamente de pie.

—¿Sabe cómo murió?

—No, señor, eso no lo sé.

—¿Entonces de qué se trata?

—Sé por qué estaba en la puerta a esa hora. Iba al encuentro de una mujer.

—¡Al encuentro de una mujer! ¿Qué me dice?

—Sí, señor.

—¿Y cómo se llamaba esa mujer?

—No puedo decirle su nombre, señor, sino las iniciales. Las iniciales de su nombre eran L. L.

—¿Cómo lo sabe, Barrymore?

—Porque *sir* Henry, su tío, esa mañana había recibido una carta. Habitualmente recibía muchas cartas, ya que era un hombre público y muy conocido por su generosidad, por lo cual todos aquellos que se encontraban en dificultades recurrían a él. Pero esa misma mañana, por casualidad, solamente había una carta y por eso la pude ver mejor. Venía de Coombe Tracey y la letra era de mujer.

—¿Y bien?

—Yo no volví a pensar más en el asunto, señor, y jamás lo hubiese hecho si no hubiera sido por mi mujer. Hace solamente unas semanas, cuando procedía a la limpieza del dormitorio de *sir* Charles (jamás se había tocado desde su muerte) encontró las cenizas de una carta quemada al fondo de la chimenea. La mayor parte estaba rota en pedazos, pero una pequeña tira, el final de una página, se unió y aún se podía leer aunque estuviera gris sobre un fondo negro. Nos pareció que era una posdata al final de la carta, y decía: "Le pido, por favor, ya que es usted un caballero, que queme esta carta y esté a la puerta a las diez de la noche". Debajo estaba la firma: las iniciales L. L.

—¿Aún tiene ese trozo de la carta?

—No, señor, se rompió en pequeños trocitos en nuestras manos.

—¿Había recibido *sir* Charles otras cartas con la misma letra?

—La verdad, señor, es que yo no prestaba especial atención a sus cartas. No me habría fijado en ésta si no fuera porque ese día era la única.

—¿Y no tiene usted idea de quién pueda ser L. L.?

—No, señor. Sé tanto como usted. Pero creo que, si podemos localizar a esa señora, sabremos más sobre la muerte de *sir* Charles.

—No puedo entender, Barrymore, cómo ha podido ocultar esta importante información.

—Bien, señor, fue inmediatamente después de que surgieran nuestros propios problemas. Y, una vez más, señor, los dos estimábamos mucho a *sir* Charles, como es de suponer, por todo lo que él ha hecho por nosotros. Sacar a relucir este asunto podría no ser bueno para nuestro pobre amo, y es conveniente ir con cuidado cuando hay

una dama por medio. Incluso el mejor de nosotros...

—¿Pensó que esto podría dañar su reputación?

—Sí, señor, pensé que de ello no saldría nada bueno. Pero ahora que usted ha sido tan generoso con nosotros, creo que sería injusto no decirle todo cuanto sé sobre el asunto.

—Muy bien, Barrymore, puede marcharse.

Cuando el mayordomo nos hubo dejado, *sir* Henry se giró hacia mí.

—Y bien, Watson, ¿qué piensa de esta nueva luz?

—Me parece que pone todo más oscuro que antes.

—Eso es lo que yo pienso. Pero, si podemos descubrir quién es L. L., aclararemos todo el asunto. Sabemos que hay alguien que conoce los hechos, si la podemos encontrar. ¿Qué cree que podemos hacer?

—Deje que comunique esto inmediatamente a Holmes. Le dará la pista que ha estado buscando. O me equivoco mucho o esto le hará venir aquí.

Me dirigí de inmediato a mi habitación e hice mi informe sobre la conversación de esa mañana, para enviárselo a Holmes. Sabía que últimamente estaba muy ocupado, por las cartas que había recibido de Baker Street, que eran pocas y breves, sin comentarios sobre la información que yo había suministrado y raramente aludiendo a mi misión. Sin duda que su caso de chantaje le tenía completamente absorto. No obstante, este nuevo factor ciertamente llamaría su atención, renovando su interés. Me gustaría que estuviera aquí.

17 de octubre.— Llovió todo el día, crujiendo sobre la hiedra y goteando desde los aleros. Pensé en el fugado, en el solitario, frío y desamparado páramo. ¡Pobre hombre! Cualquiera que fuera su crimen, estaba sufriendo para expiarlo. Y entonces me vino a la mente el otro, el rostro en el cabriolé, la silueta a la luz de la luna. ¿Estaría también bajo este diluvio, el espía invisible, el hombre de la oscuridad?

Por la noche me puse el impermeable y caminé hacia el empapado páramo, lleno de oscuros pensamientos, con la lluvia golpeando mi rostro y el viento silbando junto a mis oídos. ¡Que Dios se apiade de aquellos que vagan ahora en el gran charco, puesto que incluso las firmes mesetas se están volviendo un lodazal! Encontré el pico negro donde había visto al espía solitario y desde la cima miré a lo largo de las melancólicas cuestas. La lluvia bajaba por su superficie rojiza y las pesadas nubes color de pizarra pendían sobre el paisaje, dibujando negras guirnaldas en los lados de las fantásticas colinas. En el distante hueco, a la izquierda, medio oculto por la niebla, las dos delgadas torres de la mansión de los Baskerville se elevaban por encima de los árboles. Eran las únicas señales de vida que pude ver, exceptuando esas viviendas prehistóricas que reposaban pesadamente sobre las laderas de las colinas. En ninguna encontré vestigios de ese hombre solitario que había visto en el mismo lugar hacía dos noches.

Cuando venía de vuelta, fui adelantado por el señor Mortimer, que conducía un tiro de perros por un difícil sendero que venía desde la granja de Foulmire. Era muy considerado con nosotros y difícilmente pasaba un día sin que viniera a la mansión para ver cómo estábamos. Insistió para que subiera al carro y me trajo de vuelta a casa. Le encontré muy preocupado por la desaparición de su pequeño perro. Había estado vagando por el páramo y jamás volvió. Le conforté tanto como me fue posible, pero en ese momento estaba pensando en el *pony*, en el charco de Grimpen, y no me pareció que volviera a ver a su perrito.

—A propósito, Mortimer —dije yo mientras el carro traqueteaba a lo largo del escabroso camino—, me imagino que habrá poca gente, dentro de esta región, que usted no conozca, ¿verdad?

—Creo que no habrá nadie que yo no conozca.

—¿Podría entonces decirme el nombre de alguna mujer cuyas iniciales sean L. L.?

Se quedó pensando durante unos minutos.

—No —dijo—. Hay algunos gitanos y braceros cuyos nombres desconozco, pero entre los granjeros y la pequeña burguesía no hay nadie a quien correspondan esas iniciales. Espere un momento... —añadió después de una pausa—. Hay una Laura Lyons, sus iniciales son L. L., pero vive en Coombe Tracey.

—¿Quién es? —pregunté.

—Es la hija de Frankland.

—¿Qué? ¿Del viejo Frankland, el maniático?

—Exactamente. Se casó con un artista llamado Lyons, que vino a pintar al páramo. Resultó ser un pillo y la abandonó. La culpa, según he oído, puede que no haya sido totalmente de una de las partes. Su padre no quiso verla más, puesto que se había casado sin su consentimiento, y puede que también por algunos otros motivos más. Así que entre el viejo pecador y el joven, la chica lo pasó muy mal.

—¿Y de qué vive?

—Supongo que el viejo Frankland le pasa una renta

miserable, pero no le puede dar más ya que sus propios negocios van bastante mal. Aunque sea lo que ella se haya merecido, no se la puede dejar caer en desgracia. Su historia fue conocida y varias personas de aquí hicieron algo para permitirle ganarse la vida honradamente. Por un lado lo hizo Stapleton y por otro *sir* Charles. Yo mismo le di algo. Fue para que se dedicara a la mecanografía.

Mortimer deseaba saber el objeto de mis preguntas, pero me las arreglé para satisfacer su curiosidad sin decirle demasiado, ya que no había motivo para que alguien conociera nuestro secreto.

Mañana por la mañana me iré a Coombe Tracey y si puedo encontrar a esta señora Laura Lyons, de reputación equívoca, se habrá dado un gran paso adelante, aclarando un incidente en esta cadena de misterios.

Ciertamente estoy desarrollando la astucia de la serpiente, ya que cuando Mortimer insistió en sus preguntas hasta un extremo inconveniente, le pregunté casualmente a qué tipo pertenecía el cráneo de Frankland y así durante el resto del camino sólo oí hablar de craneología. No he vivido con Sherlock Holmes durante años para nada. Solamente tengo otro incidente que relatar durante este día tempestuoso y melancólico. Es el de mi conversación con Barrymore, que actualmente me brinda una carta más fuerte, que a su tiempo podré jugar.

Mortimer se quedó a cenar y después de comer jugó al *écarté* con *sir* Henry. El mayordomo me trajo el café a la biblioteca y aproveché ese momento para hacerle algunas preguntas.

—Bueno —dije—, ¿se ha marchado ese precioso pariente de ustedes, o aún está escondido por ahí?

—No lo sé, señor. Pido al cielo que se haya marchado, ya que solamente nos ha traído disgustos. Desde la última vez que le llevé comida, y eso hace tres días, no supe nada de él.

—¿Lo vio en esa ocasión?

—No, señor; pero cuando volví al lugar, la comida ya no estaba.

—Entonces no hay duda de que estuvo ahí

—Eso es lo que yo pienso, señor, a no ser que se la haya llevado el otro hombre.

Me detuve con la taza de café a medio camino de la boca y miré fijamente a Barrymore.

—¿Entonces sabe que hay otro hombre?

—Sí, señor, hay otro hombre en el páramo.

—¿Lo ha visto usted?

—No, señor.

—¿Entonces cómo sabe que existe?

—Selden me habló de él, señor, hace una semana o más. También se esconde, pero no es un presidiario, por lo que puedo deducir. Eso no me gusta, doctor Watson; se lo digo sinceramente, señor, que eso no me gusta. —Habló con una repentina convicción.

—Ahora, ¡escúcheme, Barrymore! No me interesa este asunto, sino el de su amo. La única finalidad que me trajo aquí fue la de ayudarle. Dígame, con franqueza, qué es lo que no le gusta.

Barrymore vaciló por un instante, como si lamentara sus palabras o encontrara difícil expresar sus propios sentimientos.

—Son todos estos acontecimientos, señor —exclamó por fin, haciendo un ademán hacia la ventana azotada por la lluvia que daba al páramo—. Hay juego sucio en algún lugar y se está tramando algo malo, eso lo juraría. ¡Me alegraría mucho, señor, ver a *sir* Henry volver a Londres!

—¿Pero qué es lo que le asusta?

—¡Piense en la muerte de *sir* Charles! Eso ya fue bastante malo, según dijo el juez. Escuche los ruidos por la noche en el páramo. Aunque le paguen, no hay ningún hombre que lo cruce después de la puesta del sol. Mire este extraño que se esconde, vigilando y esperando. ¿Qué es lo que espera? ¿Qué quiere decir eso? No quiere decir nada bueno para alguien que lleve el apellido Baskerville y mucho me alegraría haberme librado de todo algún día, y que los nuevos sirvientes de *sir* Henry estén listos para ocuparse de la mansión.

—Pero, hablando de ese desconocido —dije yo—, ¿podría decirme algo al respecto? ¿Qué dijo Selden? ¿Descubrió dónde se escondía o lo que estaba haciendo?

—Le vio una o dos veces, pero es muy astuto y no suelta prenda. Primero pensó que era de la policía, pero pronto descubrió que tenía algún plan. Por lo que pudo ver, era un caballero, pero no pudo descubrir lo que estaba haciendo.

—¿Y dónde dijo que vivía?

—Entre las viejas casas, en la colina, en las cabañas de piedra donde antes vivieron los antiguos campesinos.

—¿Y qué pasa con la comida?

—Selden descubrió que tiene un chico que trabaja para él y que le trae todo lo que necesita. Me atrevería a decir que va a Coombe Tracey a buscar lo que desea.

—Muy bien, Barrymore. En otra ocasión volveremos a hablar de este asunto.

Cuando el mayordomo se hubo marchado, caminé hasta la oscura ventana y miré a través de un empañado cristal hacia las pesadas nubes y las sacudidas de los árboles azotados por el viento. Si dentro hace una noche horrible, ¿qué será en una cabaña de piedra en el páramo? ¿Cuál será el odio que puede llevar a un hombre a estar al acecho en un lugar así con este tiempo? ¿Y qué finalidad taimada podrá tramar que le exija tan dura prueba?

Ahí, en esa cabaña en el páramo, parece que reside el foco de ese problema que me molestó tan gravemente. Juro que no pasará otro día sin que haya hecho todo lo que puede hacer un hombre para llegar al centro del misterio.

XI

El hombre de la colina

El extracto de mi diario privado que forma el último capítulo ha situado mi relato en el día 18 de octubre, fecha en la cual estos extraños acontecimientos empezaron a avanzar hacia su terrible final. Los incidentes de los próximos días están indeleblemente grabados en mi memoria y los puedo narrar sin tener que consultar los apuntes que hice en aquel entonces. Empiezo, pues, a partir del día siguiente a aquel en el que hube determinado dos hechos de gran importancia: uno, que la señora Laura Lyons, de Coombe Tracey, había escrito a *sir* Charles Baskerville y se había citado con él en el preciso lugar y hora en que él encontró la muerte, y el otro, que el hombre que se escondía en el páramo tenía que encontrarse entre los peñascos de la colina. Con estos dos hechos en mi poder, sentí que mi inteligencia o mi valor me fallaban si no era capaz de proyectar un poco más de luz sobre estos oscuros puntos.

En la noche anterior no tuve ocasión de decir a *sir* Henry lo que había sabido sobre la señora Lyons, ya que el doctor Mortimer se quedó jugando a las cartas con él hasta muy tarde. Sin embargo, a la mañana siguiente, cuando desayunábamos, le informé sobre mi descubrimiento y le pregunté si no le importaba acompañarme a

Coombe Tracey. Al principio, tenía muchas ganas de ir, pero después de recapacitar, nos pareció mejor a ambos que si iba yo únicamente, se podrían obtener mejores resultados. Cuanto más protocolaria fuese la visita, menos información conseguiríamos sacar. Así que dejé a *sir* Henry, no sin algunos remordimientos, y me marché hacia mi nueva búsqueda.

Cuando llegué a Coombe Tracey, dije a Perkins que se ocupara de los caballos y empecé a hacer preguntas para encontrar a la dama que había ido a interrogar. No me fue difícil encontrar su vivienda, que era céntrica y bien amueblada. Una criada me hizo pasar sin ceremonias y, cuando miré en la sala de estar, una dama que estaba sentada delante de una máquina de escribir Remington se incorporó con una afable sonrisa de bienvenida. Sin embargo, su rostro se endureció al ver que yo era un desconocido y, volviendo a sentarse, me preguntó cuál era el objeto de mi visita.

La primera impresión causada por la señora Lyons era de extremada belleza. Sus ojos y su pelo tenían el mismo color avellanado y sus mejillas, aunque bastante pobladas de pecas, estaban iluminadas con el exquisito resplandor de las morenas, ese rosa tan delicado que brota del corazón de la flor de azufre. La admiración, repito, fue la primera impresión. Pero la segunda ya fue de crítica. Había algo sutilmente equivocado en aquel rostro, alguna tosquedad de expresión, alguna dureza, quizá de mirada, algo de insolencia que echaba a perder su perfecta belleza. De inmediato me quedé sencillamente consciente de que me encontraba en presencia de una mujer muy hermosa y que me estaba preguntando los motivos de mi visita. Hasta ese momento no me había dado cuenta de lo delicada que era mi misión.

—Tengo el honor —dije yo— de conocer a su padre.

Fue una torpe presentación y ella me lo hizo sentir.

—No existe nada en común entre mi padre y yo

—dijo—. No le debo nada y sus amigos no son mis amigos. Si no fuera por el fallecido *sir* Charles Baskerville y algunos otros buenos corazones, por lo que atañe a mi padre me podría haber muerto de hambre.

—Es a causa del fallecido *sir* Charles Baskerville por lo que he tenido que venir a verla.

Las pecas se hicieron más notables en su rostro.

—¿Qué puedo decir sobre él? —preguntó mientras sus dedos golpeaban con nerviosismo las teclas de la máquina de escribir.

—¿Lo conocía, no es así?

—Ya le he dicho que debo mucho a su bondad. Si puedo mantenerme, se debe en gran parte al interés que tomó por mi desgraciada situación.

—¿Solía escribirle?

La mujer levantó rápidamente la mirada, con brillo anhelante en sus ojos avellanados.

—¿Cuál es la finalidad de estas preguntas? —dijo cortante.

—La finalidad es la de evitar un escándalo público. Es mejor que haga estas preguntas aquí antes que el asunto se nos vaya de las manos.

Quedó callada y su rostro estaba muy pálido. Por fin levantó la mirada con algo imprudente y desafiante en su expresión.

—¡Pues bien, contestaré! —dijo—. ¿Cuáles son las preguntas?

—¿Se escribía con *sir* Charles?

—Evidentemente que le escribí un par de veces para agradecer su gentileza y generosidad.

—¿Recuerda las fechas de esas cartas?

—No. No, no las recuerdo.

—¿Se encontró con él alguna vez?

—Sí, una o dos veces, cuando él vino a Coombe Tracey. Era un hombre muy solitario y prefería hacer el bien pasando desapercibido.

—Pero si usted lo ha visto tan escasas veces y le escribió tan poco, ¿cómo sabía él lo bastante sobre sus problemas para poder ayudarla, como me dice que lo ha hecho?

Mi planteamiento no la desconcertó en absoluto.

—Había varios caballeros que conocían mi triste historia y se unieron para ayudarme. Uno fue el señor Stapleton, un vecino e íntimo amigo de *sir* Charles. Fue extraordinariamente bondadoso, y por medio de él, *sir* Charles conoció mis problemas.

Yo ya sabía que *sir* Charles Baskerville, había hecho de Stapleton su limosnero en varias ocasiones, por lo cual la declaración de la dama me pareció verdadera.

—¿Alguna vez escribió a *sir* Charles pidiéndole que se encontrara con usted? —proseguí.

La señora Lyons volvió a enrojecer de ira.

—Realmente, señor, ésta es una pregunta muy extraña.

—Lo siento, señora, pero tengo que repetirla.

—Entonces le contesto: ciertamente que no.

—¿Ni en el día de la muerte de *sir* Charles?

El rubor desapareció al instante y tuve delante de mí un rostro pálido como la muerte. Sus labios no pudieron artcular el "no", que yo más adiviné que escuché.

—Seguramente su memoria le está fallando —dije—. Podría incluso citar una frase de su carta. Decía: "Por favor, se lo suplico, ya que es usted un caballero, queme esta carta y esté junto a la verja a las diez".

Pensé que se había desvanecido, pero se recuperó con enorme esfuerzo.

—¿Es que ya no queda ningún caballero? —dijo con voz entrecortada.

—Está usted siendo injusta con *sir* Charles. Él quemó la carta. Pero algunas veces, incluso quemada, puede leerse una carta. ¿Reconoce ahora que la ha escrito?

—Sí, la escribí —dijo sollozando entre un torrente de

palabras—. La escribí. ¿Por qué tendría que negarlo? No tengo motivos para avergonzarme de ello. Quería que me ayudara. Creía que si me entrevistaba con él podría conseguir su ayuda y por eso le pedí que se encontrara conmigo.

—¿Pero por qué a esa hora?

—Porque acababa justamente de enterarme de que salía para Londres al día siguiente y puede que estuviese ausente durante meses. Hubo motivos por los cuales yo no podía estar allí más pronto.

—¿Y por qué una entrevista en el jardín en lugar de hacer una visita a su casa?

—¿Cree que una mujer puede ir sola a esa hora a casa de un hombre soltero?

—Bien, ¿qué pasó cuando llegó allí?

—No fui.

—¡Señora Lyons!

—No, se lo juro por todo lo que hay de más sagrado para mí. No fui. Hubo algo que me impidió ir.

—¿Qué fue?

—Un asunto privado. No puedo decírselo.

—¿Reconoce entonces que concertó una cita con *sir* Charles a la misma hora y en el mismo lugar donde él encontró su muerte, pero niega que haya tenido la entrevista?

—Ésa es la verdad.

Una y otra vez la atosigué con preguntas, pero no me fue posible ir más allá de este punto.

—Señora Lyons —dije cuando me ponía de pie después de esta larga e infructífera entrevista—, está usted asumiendo una gran responsabilidad y poniéndose en una posición muy falsa al no revelar de forma absolutamente clara todo lo que sabe. Si tengo que solicitar la ayuda de la policía verá lo muy comprometida que está. Si es usted inocente, ¿por qué al principio negó que había escrito a *sir* Charles en esa fecha?

—Porque temí que se pudiera sacar alguna falsa conclusión y que me podría ver envuelta en un escándalo.

—¿Y por qué le interesaba tanto que *sir* Charles destruyera su carta?

—Si hubiese usted leído la carta, lo sabría.

—Yo no he dicho que haya leído toda su carta.

—Me ha citado parte de ella.

—Le cité la posdata. La carta había sido, lo he dicho, quemada y no quedó completamente legible. Le vuelvo a preguntar por qué estaba usted tan interesada en que *sir* Charles destruyera esa carta que él recibió el día de su muerte.

—El asunto es muy privado.

—Un motivo más para que usted deba evitar una investigación pública.

—Entonces, se lo diré. Si usted ha oído algo sobre mi desgraciada historia, sabrá que hice un precipitado matrimonio y que tenía razón para lamentarlo.

—Hasta ahí me lo han contado.

—Mi vida ha sido una incesante persecución por parte de un marido que detesto. La ley está de su parte y cada día que pasa me expongo a la posibilidad de que pueda obligarme a vivir con él. En esa ocasión escribí esta carta a *sir* Charles, ya que me había enterado de que existía una posibilidad de recuperar mi libertad si se hacían algunos gastos. Eso significaba todo para mí paz de espíritu, felicidad, respeto a mí misma, todo. Conocía la generosidad de *sir* Charles y pensé que si él escuchaba el relato de mi propia boca, me ayudaría.

—Entonces, ¿cómo es que no se ha presentado?

—Porque mientras tanto recibí ayuda de otra parte.

—¿Y por qué, en ese caso, no escribió a *sir* Charles y se lo explicó?

—Eso iba a hacer, pero a la mañana siguiente me enteré de su muerte por el periódico.

La historia de la mujer encajaba completamente y

ninguna de mis preguntas conseguía deshacer la cadena. Solamente me faltaba descubrir si, en realidad, ella había presentado una demanda de divorcio contra su marido alrededor de la fecha de la tragedia.

Era improbable que osara decir que no había ido a la mansión de los Baskerville en el caso de que lo hubiese hecho, ya que hubiera sido necesario un coche que la llevara y no podría haber regresado a Coombe Tracey hasta las primeras horas de la mañana. Dicho viaje no hubiera podido mantenerse en secreto. Por lo tanto, existía la posibilidad de que ella estuviese diciendo la verdad.

Me marché descorazonado. Una vez más me encontraba delante de esa muralla que parecía construida delante de todos los caminos que yo intentaba seguir para llegar al objeto de mi misión. Y, asimismo, cuanto más pensaba en el rostro de la mujer y en su expresión, más sentía que me había ocultado algo. ¿Por qué se había vuelto tan pálida? ¿Por qué luchó contra cada declaración hasta ser forzada a hacerla? ¿Por qué tendría que ser tan reticente en el momento de la tragedia? Ciertamente, la explicación de todo esto podría no ser tan inocente como ella pretendía hacerme creer. De momento no pude avanzar más en esa dirección, sino que tuve que volver a la otra pista que había que buscar entre los peñascos del páramo. Y ésa era una dirección muy vaga. Me hice cargo de ello mientras hacía el viaje de regreso y veía cómo colina tras colina mostraban los vestigios de los antepasados. La única indicación de Barrymore había sido que el desconocido vivía en una de esas cuevas y había muchos centenares de ellas diseminadas a todo lo largo del páramo. Pero yo disponía de mi propia experiencia para guiarme, ya que había visto al hombre de pie en la cima de la colina negra. Ése sería entonces el centro de mi búsqueda. A partir de ahí debería explorar cada choza del páramo, hasta descubrir la que nos interesaba. Si este hombre se encontraba dentro, tendría que saber de su propia boca, a punta de revólver si fuera necesario, quién era él y por qué nos había seguido durante tanto tiempo. Pudo escapar de nosotros entre la multitud de Regent Street, pero le sería completamente imposible hacerlo en el solitario páramo. Por otro lado, si encontraba la choza y su inquilino no estuviera dentro, tendría que quedarme allí, por muy larga que fuera la vigilia, hasta que volviera. Holmes lo había perdido en Londres. Sería realmente un triunfo para mí si pudiera finalmente encontrarle, cuando mi maestro había fallado.

La suerte había estado de nuevo en contra nuestra durante la investigación, pero ahora por fin vino en mi ayuda. Y el mensajero de la buena fortuna no fue otro que el señor Frankland, que estaba de pie, con su cara roja y cabellera gris, fuera de la puerta de su jardín, que se abría hacia la carretera por la cual yo circulaba.

—Buenos días, doctor Watson —exclamó con inusitado buen humor—, debería realmente dar un descanso a sus caballos y entrar a tomar un vaso de vino y felicitarme.

Mis sentimientos hacia él estaban lejos de ser amistosos después de lo que había oído del trato dispensado a su hija, pero yo estaba deseando enviar a Perkins y el coche de vuelta a casa, así que ésta era una buena oportunidad. Me apeé y envié un recado a *sir* Henry diciendo que yo seguiría caminando y que llegaría a tiempo para la cena. Entonces seguí a Frankland hasta su comedor.

—Hoy es para mí un gran día, señor, uno de los días señalados de mi vida —exclamó, con muchas risitas—. He logrado un doble acontecimiento. Me refiero a dejar bien claro que hay lugares en que la ley es la ley y que aquí está un hombre que no teme recurrir a ella. He establecido un derecho de servidumbre a través del centro del viejo parque de Middleton, exactamente a través de él, señor, dentro de unas cien yardas de su propia puerta principal. ¿Qué me dice de ello? ¡Enseñaremos a estos magnates que no pueden saltarse a la torera los derechos de los plebeyos, malditos sean! Y he cerrado el bosque donde el pueblo de Fernworthy solía hacer sus meriendas campestres. Esta gente endemoniada parece pensar que no existen derechos de propiedad y que pueden pulular donde les plazca, con sus papeles y sus botellas. Ambos casos resueltos, doctor Watson, y ambos a mi favor. No había tenido un día como éste desde que hice condenar a *sir* John Morland por intrusión en finca ajena por haber disparado en su propia conejera.

—¿Cómo demonios lo ha conseguido?

—Mirando en los libros, señor. Vale la pena leer *Frankland contra Morland, Tribunal de Queen's Bench.* Me costó 200 libras, pero gané el pleito.

—¿Eso le sirvió de algo?

—Ningún beneficio, señor, ninguno. Me enorgullezco de decir que no tuve ninguna ganancia en el asunto. Actúo completamente desde el punto de vista del deber público. No dudo, por ejemplo, de que la gente de Fernworthy me quemará esta noche en efigie. Dije a la policía la última vez que lo hicieron que deberían detener estas escandalosas exhibiciones. La policía rural está en un estado escandaloso, señor, y no me ha dado la protección a la cual tengo derecho. El caso de Frankland contra Regina llamará la atención del público hacia el asunto. Les dije que llegaría el momento en que lamentarían el trato que me dispensan y mis palabras ya son realidad.

—¿Cómo es eso? —pregunté.

El viejo adoptó una expresión muy astuta.

—Porque podría decirles lo que desean saber; pero nada me hará que ayude a los pillos de ese modo.

Había estado buscando alguna disculpa mediante la cual pudiese librarme de su chismorreo, pero ahora ya deseaba oír más sobre el tema. Sabía ya bastante sobre la terquedad del viejo pecador para darme cuenta de que cualquier señal de interés sería el modo más seguro de detener sus confidencias.

—¿Algún caso de caza furtiva, sin duda? —dije con aire indiferente.

—¡Ah, ah, amigo mío! Un asunto mucho más importante que eso. ¿Y qué hay sobre el presidiario del páramo?

Me sobresalté.

—¿No querrá decir que sabe usted dónde está? —dije.

—Puede que no sepa exactamente dónde está, pero estoy bastante seguro de que podré ayudar a la policía a ponerle las manos encima. ¿Es que nunca se le ha ocurrido que el modo de coger a ese hombre es descubrir dónde consigue su comida y seguir la pista hasta él?

Ciertamente, me pareció que se acercaba de forma incómoda a la verdad.

—Sin duda —dije—; ¿pero cómo sabe que él está en algún lugar del páramo?

—Lo sé porque he visto con mis propios ojos a la persona que le lleva la comida.

Mi corazón latió por Barrymore. Era algo muy grave el encontrarse a merced de este rencoroso entrometido. Pero su siguiente observación eliminó un gran peso de mi mente.

—Le sorprenderá saber que la comida se la lleva un niño. Lo veo cada día por mi telescopio desde el tejado. Pasa por el mismo camino y a la misma hora. ¿A quién sino al presidiario va a ir a ver?

¡La verdad que aquí hubo suerte! No obstante, fingí no estar interesado en el tema. ¡Un niño! Barrymore había dicho que nuestro desconocido era abastecido por un niño. Iba en su busca y no en la del presidiario, como creía Frankland. Si yo pudiese conocer lo que él sabía, me ahorraría una larga y preocupante cacería. Pero la incredulidad y la indiferencia fueron sin duda mis cartas más fuertes.

—Yo diría que es mucho más probable que se trate de uno de los pastores del páramo que lleva la comida a su padre.

El mínimo síntoma de discordia encendió al viejo autócrata. Sus ojos se posaron en mí con maldad y sus rizos canosos se encresparon como el pelo de un gato rabioso.

—¿De verdad, señor? —dijo señalando hacia la extensión del páramo—. ¿Ve esa colina negra a lo lejos? Bien. ¿Ve otra colina baja detrás, con el espino encima? Es la parte más rocosa de todo el páramo. ¿Es un lugar donde un pastor se albergaría? Su sugerencia, señor, es de lo más absurdo.

Contesté sumisamente que había hablado sin conocer todos los hechos. Mi docilidad le agradó y le llevó a continuar con sus confidencias.

—Puede estar seguro, señor, que tengo muy buenas bases antes de emitir una opinión. He visto una y otra vez al chico con su fardo. Cada día y a veces dos veces al día he podido..., pero aguarde un momento, doctor Watson. O mis ojos me engañan o en este momento hay algo que se mueve sobre esa ladera, ¿no es así?

Estaba a varias millas de distancia, pero pude ver nítidamente un pequeño punto negro sobre el fondo verde y gris oscuro.

—¡Venga, señor, venga! —exclamó Frankland mientras corría escaleras arriba—. Verá con sus propios ojos y juzgará usted mismo.

El telescopio, un formidable instrumento montado sobre un trípode, estaba sobre las placas planas de la casa. Frankland miró por el telescopio con un ojo y lanzó un grito de satisfacción.

—Rápido, doctor Watson, deprisa, antes de que pase sobre la colina.

Ahí estaba, no cabía la menor duda, un pequeño pilluelo con un paquete en la mano subiendo lentamente la colina. Cuando llegó a la cresta, vi por un instante la silueta gruesa dibujada contra el frío cielo azul. Miró a su alrededor con aire furtivo y cauteloso, como aquel que tiene miedo a que le sigan. Luego desapareció por detrás de la colina.

—¿Y bien? ¿Tengo o no razón?

—Ciertamente, hay un chico que parece guardar algún secreto.

—Y cuál es esa misión secreta incluso un policía de pueblo podrá imaginarla. Pero no seré yo quien les diga una sola palabra y le ruego que también usted guarde silencio, doctor Watson. ¡Ni una palabra! ¿Me entiende?

—Se hará como usted lo desea.

—Me han tratado vergonzosamente, vergonzosamente. Cuando los hechos salieron a la luz en el caso Frankland contra Regina, oso pensar que una mecha de indignación recorrió el país. Nada me haría ayudar a la policía de ninguna manera. Por lo mucho que hicieron, podría haber sido yo, en lugar de mi efigie, lo que esos villanos podrían haber quemado. ¿No irá a marcharse ahora? Me ayudará a vaciar la botella en honor a este gran momento.

Pero me resistí a todas sus invitaciones y logré disuadirle de su revelada intención de acompañarme a casa Seguí por la carretera durante todo el tramo que su vista podía abarcar y entonces giré a través del páramo y me dirigí hacia la colina rocosa donde el chico había desaparecido. Todo funcionaba a mi favor y juré que no sería por falta de energía y perseverancia por lo que yo perdería la oportunidad que la fortuna había puesto en mi camino.

El sol ya se estaba poniendo cuando alcancé la cima de la colina y las largas laderas delante de mí eran verde dorado de un lado y sombras grises del otro. Una neblina se extendía sobre el horizonte más lejano y de ella sobresalían las fantásticas siluetas de Belliver y Vixen Tor. En la gran extensión no se oía un ruido, no se percibía un movimiento. Un gran pájaro gris, una gaviota o un zarapito, se remontaba en lo alto del cielo azul. Parecía que él y yo éramos los únicos seres vivientes bajo el inmenso arco del cielo y en el desierto debajo de él. El árido escenario, el sentimiento de soledad, el misterio y la urgencia de mi tarea hacían que se me helara el corazón. El chico no se dejaba ver por ningún sitio. Pero debajo de mí, en una grieta entre las colinas, había un círculo de viejas casuchas de piedra y en el centro de ellas había una que conservaba suficiente tejado como para servir de protección contra las inclemencias del tiempo. Cuando la vi, mi corazón saltó dentro de mi pecho. Éste tenía que ser el escondite donde se ocultaba el desconocido. Al final tenía el pie en el umbral de su madriguera, su secreto ya me pertenecía.

A medida que me acercaba a la casa, caminando tan cautelosamente como lo haría Stapleton cuando acercaba la red para coger una mariposa, pude verificar que realmente el lugar había sido usado como un habitáculo. Un vago sendero entre las rocas conducía hasta el ruinoso orificio que servía de puerta. Dentro, todo era silencio. El desconocido podría estar escondido ahí o podría estar vagando por el páramo. Mis nervios se tensaban con la idea de la aventura. Tirando el cigarrillo, aferré mi mano a la culata del revólver, y, caminando sigilosamente hasta la puerta, miré hacia dentro. El lugar estaba vacío.

Pero había señales ciertas de que no había seguido una pista falsa. Seguramente era ahí donde vivía el hombre. Algunas mantas enrolladas en un impermeable reposaban sobre la piedra sobre la cual un día había dormido el hombre neolítico. Las cenizas de un fuego estaban amontonadas en un rincón. Al lado había algunos utensilios de cocina y un cubo medio lleno de agua. Una pila de latas vacías indicaba que el lugar había sido ocupado durante algún tiempo y pude ver, cuando mis ojos se acostumbraron a la tenue luz, media botella de vino en un rincón. En el centro de la cueva una losa servía de mesa, y sobre ésta había un pequeño fardo de ropa; el mismo sin duda que yo había visto a través del telescopio a hombros del chico. Contenía una loncha de pan, una lengua enlatada y dos latas de melocotones en almíbar. Cuando lo volví a poner sobre la losa, mi corazón latió al ver que debajo de ella había una hoja de papel escrito. La recogí, y esto fue lo que pude leer en una basta letra hecha a lápiz:

"El Dr. Watson ha ido a Coombe Tracey".

Durante un minuto me quedé allí de pie con el papel en la mano, pensando en el significado de este corto mensaje. Entonces era yo, y no *sir* Henry, la persona espiada por el desconocido. No me había seguido él mismo, sino que había enviado a un agente —el chico, quizá— tras mi pista y éste era su informe. Lo más probable es que yo no hubiese dado un paso, desde que estaba en el páramo, que no hubiese sido vigilado y comunicado.

Siempre existía este sentimiento de una fuerza invisible, una fina red tejida a nuestro alrededor con infinito arte y sutileza, que nos sujetaba tan ligeramente, que la verdad es que uno se dejaba atrapar en su malla.

Si había un informe, lo más probable es que existieran otros, así que me puse a buscar por toda la cueva. Sin embargo, no había ni rastro de él, ni pude descubrir indicio alguno que pudiera indicar la naturaleza o intenciones del hombre que vivía en este extraño lugar, excepto que sus costumbres debían ser espartanas y se preocupaba poco por las comodidades de la vida. Cuando pensé en las fuertes lluvias y miré hacia el cochambroso techo, entendí cuán fuerte e inmutable tenía que ser el objetivo que lo había mantenido en ese inhóspito escondite. ¿Sería nuestro enemigo maligno o sería por suerte nuestro ángel guardián? Me juré a mí mismo que no abandonaría la cueva hasta que lo supiera.

Fuera, el sol ya se estaba poniendo y el ocaso tenía un brillo dorado. Su reflejo era devuelto por las distantes piedras que hay en el gran charco de Grimpen. Se avistaban las dos torres de la mansión de los Baskerville y, a lo lejos, una columna de humo que indicaba el pueblo de Grimpen. Entre las dos, detrás de la colina, estaba la casa de los Stapleton. Todo era paz y serenidad a la luz dorada del atardecer, pero, aunque lo pudiera ver, mi mente no compartió la paz de la naturaleza, sino que se estremeció pensando en la vaguedad y el terror de aquel encuentro que se acercaba por momentos. Con los nervios tensos, pero con un objetivo fijo, me senté en el oscuro rincón de la casa y esperé con pesimista paciencia a que llegara su inquilino.

Por fin le pude oír. Desde lejos llegó el nítido ruido de una bota golpeando la piedra. Luego otro. Aún otro, acercándose cada vez más. Retrocedí hacia el rincón más oscuro y amartillé el revólver en mi bolsillo, decidido a no mostrarme hasta no tener la oportunidad de ver un poco al desconocido. Hubo una larga pausa que indicó que se había detenido. Luego los pasos volvieron a acercarse y una sombra pasó a través de la abertura de la cueva.

—Hace una noche maravillosa, mi querido Watson —dijo una voz muy conocida—. Creo que la verdad es que estará más cómodo fuera que dentro.

XII

Muerte en el páramo

Por unos instantes me quedé sin respirar y difícilmente podía dar crédito a mis oídos. Luego, mis sentidos y mi voz volvieron a mí, mientras que el terrible peso de la responsabilidad pareció que, de repente, se me quitaba de la mente. Esa voz fría, cortante, irónica solamente podía pertenecer a un hombre en todo el mundo.

—¡Holmes! —grité—. ¡Holmes!

—Salga de ahí —dijo— y, por favor, tenga cuidado con el revólver.

Pasé bajo el desmantelado umbral y lo encontré sentado fuera, en una piedra, con sus ojos pardos bailando divertidos cuando contemplaron mi sorprendido semblante. Era delgado y estaba cansado, pero despierto, con su agudo rostro bronceado por el sol y endurecido por el viento. Con su traje de pana y capa de tela, parecía un turista más en el páramo, con su exquisita limpieza personal, similar a la observada por un gatito mimado, que era una de sus características, la forma de su barbilla tan suave y su ropa tan perfecta como si estuviera en Baker Street.

—Jamás me había sentido tan feliz en mi vida por encontrar a alguien —dije mientras le cogía la mano.

—¿Ni más sorprendido, verdad?

—Bueno, eso también debo confesarlo.

—Le aseguro que la sorpresa no fue solamente suya. No tenía idea de que usted encontrara mi circunstancial refugio, y aún menos que estuviera dentro de él, hasta que me encontré a unos veinte pasos de la puerta.

—¿Mis huellas, supongo?

—No, Watson, me temo que no conseguiría reconocer sus pisadas entre todas las pisadas del mundo. Si pretende realmente engañarme tendrá que cambiar la marca de tabaco: cuando veo la colilla de un pitillo con la marca Bradley, Oxford Street, sé que mi amigo Watson anda cerca. La podrá ver aquí junto al sendero. Usted la tiró, sin duda, en el justo momento en que entró en la desierta cueva.

—Sí, así fue.

—Así lo pensé, y, conociendo su admirable tenacidad, quedé convencido de que se encontraba sentado al acecho, con un arma a su alcance, esperando la vuelta del inquilino. ¿O sea que usted pensó realmente que yo era el criminal?

—No sabía quién era usted, pero estaba decidido a descubrirlo.

—¡Excelente, Watson! ¿Cómo me ha localizado? Me vio, quizá, la noche de la cacería del presidiario, cuando fui tan imprudente que permití que la luna se pusiera detrás de mí. ¿Fue así?

—Sí, fue entonces cuando le vi.

—Y sin duda ha buscado en todas las cuevas hasta llegar a ésta.

—No, su chico había sido visto y me dio la pista sobre dónde buscar.

—Sin duda que fue el viejo del telescopio. Me lo pude imaginar cuando vi por primera vez la luz que brillaba detrás de los lentes —se incorporó y entró en la cueva—. Vaya, veo que Cartwright ha traído algunas provisiones. ¿Qué es este papel? ¿Así que usted ha estado en Coombe Tracey, verdad?

—Sí.

—¿A ver a la señora Laura Lyons?

—Exactamente.

—¡Bien hecho! Evidentemente nuestras investigaciones han seguido líneas paralelas y cuando reunamos nuestros resultados espero que tendremos un conocimiento bastante completo del caso.

—Bueno, celebro de todo corazón que usted esté aquí, ya que la verdad es que la responsabilidad y el misterio estaban siendo demasiado para mis nervios. Pero, por el amor de Dios, ¿cómo llegó aquí y qué ha estado haciendo? Pensé que estaba en Baker Street investigando el caso del chantaje.

—Eso era lo que yo quería que usted pensara.

—¡Entonces me está utilizando y por lo tanto no confía en mí! —exclamé, con algo de amargura—. Creía merecer algo mejor de su parte, Holmes.

—Mi querido amigo, usted ha sido para mí de un valor incalculable, tanto en este como en otros muchos casos, y le ruego que me disculpe si parece que le he hecho una jugada. La verdad es que ha sido en parte para su propio bien por lo que actué así y fue mi conocimiento del peligro que corría lo que me hizo venir y examinar el asunto por mí mismo. Si hubiese estado con *sir* Henry y con usted, es obvio que nuestros puntos de vista habrían sido los mismos y que mi presencia habría puesto en guardia a nuestros tan formidables oponentes. Siendo así, he podido trabajar como probablemente no lo hubiese hecho estando alojado en la mansión y permanezco como un factor desconocido en el asunto, preparado para hacer sentir todo mi peso en el momento oportuno.

—¿Pero por qué tenerme a mí a oscuras?

—Porque el saberlo no nos hubiera ayudado y probablemente podría llevar a que me descubrieran. Usted habría querido decirme algo o, con su amabilidad, me hubiese traído aquí algún vívere y así se correría un riesgo innecesario. Traje conmigo a Cartwright —recuerde al chico de la agencia de mensajeros— y él se ha ocupado de mis sencillas necesidades: una hogaza de pan y un cuello limpio. ¿Qué más necesita un hombre? Me ha proporcionado un par de ojos más sobre otro par de pies muy ágiles, y ambos han tenido un valor incalculable.

—¡O sea que mis informes no han servido para nada!

Mi voz tembló al recordar las penas y el orgullo con que yo los había redactado.

Holmes sacó del bolsillo un fajo de papeles.

—Aquí están sus informes, mi querido amigo, y muy manoseados, se lo puedo asegurar. Hice excelentes arreglos y sólo han tardado un día en llegar a mis manos. Tengo que felicitarle por el celo y la inteligencia que ha derrochado en un caso tan extraordinariamente difícil.

Aún me encontraba algo decepcionado por la forma como se me había tratado, pero el calor del aprecio de Holmes barrió de mi mente todos esos pensamientos.

También sentí dentro de mí que él tenía razón en lo que decía y que era realmente mejor para nuestros objetivos que yo no hubiese sabido que él estaba en el páramo.

—Eso está mejor —dijo Holmes al ver que las sombras se desvanecían en mi rostro—. Y ahora, cuénteme el resultado de su visita a la señora Laura Lyons. No me era difícil imaginar que era a ella a quien usted había ido a ver, ya que sé que ella es la persona en Coombe Tracey que nos puede ayudar en el caso. De hecho, si usted no hubiese ido hoy es muy probable que yo hubiera tenido que ir mañana.

El sol se había puesto y la oscuridad reinaba sobre el páramo. El aire se había vuelto helado y nos metimos en la cueva en busca de un poco de calor. Allí, sentados juntos a la luz del crepúsculo, conté a Holmes mi conversación con la dama. Le despertó tanto interés, que tuve que repetir algunas partes antes de que quedara satisfecho.

—Esto es muy importante —dijo él cuando terminé—. Llena un hueco que yo había sido incapaz de aclarar en este asunto tan complicado. Puede que sepa que existe una gran intimidad entre esta mujer y el señor Stapleton, ¿lo sabe, no?

—No sabía que existiera tal intimidad.

No puede existir ninguna duda de ello. Se encuentran, se cartean, hay un total entendimiento entre ellos. Ahora, esto pone en nuestras manos un arma muy potente. Si yo la pudiera usar para separar a su esposa...

—¿Su esposa?

—Ahora le estoy dando alguna información a cambio de toda la que me ha proporcionado. La mujer que pasa aquí por ser la señorita Stapleton es en realidad su esposa.

—¡Cielos! ¿Está seguro de lo que dice? ¿Cómo ha permitido que *sir* Henry se enamorara de ella?

—Los amores de *sir* Henry no podrán hacer daño a nadie, excepto al propio *sir* Henry. Él tuvo un especial cuidado en evitar que *sir* Henry hiciera el amor con ella, como usted mismo ha visto. Le repito que la dama es su esposa y no su hermana.

—¿Pero a qué se debe este intencionado engaño?

—Porque él previó que ella le sería de mucha más utilidad como una mujer libre.

Todos mis callados instintos, mis vagas sospechas, de pronto adquirieron forma y se centraron en el naturalista. En ese hombre imperturbable, soso, con su sombrero de paja y su red para cazar mariposas. Me pareció ver en él algo terrible, un ser con una infinita paciencia y astucia, con un rostro sonriente y un corazón asesino.

—Entonces él es nuestro enemigo. ¿Es él la persona que nos espiaba en Londres?

—Así veo el enigma.

—Y la advertencia, ¡tiene que venir de ella!

—Elemental.

La silueta de alguna monstruosa maldad, medio a la vista, medio oculta, emergió de entre la oscuridad que durante tanto tiempo me había rodeado.

—¿Pero está usted seguro de esto, Holmes? ¿Cómo sabe que la mujer es su esposa?

—Porque su olvido fue tan grande, que en la primera ocasión que se encontraron él dijo algo de verdad de su autobiografía y me atrevo a decir que desde entonces lo viene lamentando. Fue maestro hace tiempo en el norte de Inglaterra. No hay nadie más fácil de investigar que un maestro de escuela. Existen departamentos de enseñanza en los cuales se puede identificar a cualquier hombre que haya ejercido la profesión. Una pequeña encuesta me mostró que una escuela había cerrado bajo atroces circunstancias y que su propietario —el nombre era otro— había desaparecido con su esposa. Cuando supe que el desaparecido se dedicaba a la entomología, la identificación quedó completa.

Se iba disipando la oscuridad, pero aún quedaba mucha cosa oculta por las sombras.

—Si esta mujer es realmente su esposa, ¿dónde encaja la señora Laura Lyons? —pregunté.

—Éste es uno de los puntos sobre el cual sus propias investigaciones han hecho algo de luz. Su conversación con la dama ha aclarado mucho la situación. Yo desconocía un previsto divorcio entre ella y su marido. En ese caso, considerando a Stapleton un hombre soltero, sin duda que esperaba llegar a ser su esposa.

—¿Y cuando quede decepcionada?

—Bueno, entonces podremos encontrar a la mujer que nos interesa. Nuestro primer trabajo es ir a verla, ambos, mañana. ¿No cree, Watson, que ya hace bastante tiempo que está alejado de su cargo? Su lugar está en la mansión de los Baskerville.

Las últimas vetas rojas se habían disipado y la noche cubría el páramo. En un cielo lila brillaban algunas débiles estrellas.

—Una última pregunta, Holmes —dije al incorporarme—. Ciertamente, entre nosotros dos no hacen falta secretos. ¿Qué quiere decir todo esto? ¿Qué es lo que él busca?

La voz de Holmes se hizo honda al contestar.

—Es un asesino, Watson, un asesino refinado, con sangre fría, deliberado. No me pida detalles. Mis redes están echadas sobre él, al igual que las suyas están sobre *sir* Henry, y con su ayuda está casi a mi merced. Sólo hay un peligro que puede amenazarnos. Es que él golpee antes de que estemos listos para hacerlo nosotros. Dentro de un día —dos como máximo— mi caso estará terminado, pero hasta entonces haga su labor de guardián tan de cerca como si se tratara de una madre que cuida a su hijo enfermo. Su misión hoy está justificada, pero casi hubiese deseado que no se hubiese apartado de su lado. ¡Escuche!

Un terrible grito, un prolongado aullido de terror y angustia rompió el silencio del páramo. La sangre se me heló en las venas.

—¡Oh, Dios mío! —dije con voz entrecortada—. ¿Qué es esto? ¿Qué significa?

Holmes se había puesto de pie y pude ver su oscura y atlética figura en la puerta de la cueva, sus hombros tensos, la cabeza inclinada hacia delante, su rostro escrutando la noche.

—¡Deprisa! —susurró—. ¡Deprisa!

El grito se había oído bien por su vehemencia, pero se apagó a lo lejos en la sombría planicie. Ahora llegaba a nuestros oídos, más cerca, más fuerte, más apremiante que antes.

—¿Dónde está? —dijo Holmes en voz baja; supe por el timbre de su voz que él, el hombre de hierro, estaba afectado tanto como su mente se lo permitía—. ¿Dónde es, Watson?

—Pienso que es allí —dije señalando la oscuridad.

—¡No, es allí!

Una vez más el grito agobiante retumbó en la noche silenciosa, más fuerte y mucho más cerca que nunca, y otro sonido mezclado con éste, profundo, musical pero asimismo amenazador, subía y bajaba como el constante murmullo del mar.

—¡El sabueso! —exclamó Holmes—. ¡Vamos, Watson! ¡Dios de los cielos, que no lleguemos demasiado tarde!

Había empezado a correr velozmente por el páramo y yo le seguía. Pero ahora, desde algún lugar de la tierra que se abría inmediatamente delante de nosotros, vino un último aullido desesperado y luego un grito sordo, desvanecido. Nos detuvimos y nos pusimos a la escucha; ningún otro ruido rompió el silencio de aquella noche en calma, sin viento.

Vi que Holmes se llevaba la mano a la frente, como aturdido. Golpeó el suelo con los pies.

—Nos ha ganado, Watson. Llegamos demasiado tarde.

—¡No, no, ciertamente que no!

—Qué loco he sido en contenerme. Y usted, Watson, ¿ve lo que ocasiona el abandonar su cometido? ¡Pero, por los cielos, si ha ocurrido lo peor le vengaremos!

A ciegas corrimos a través de la oscuridad, tropezando con las piedras, abriéndonos camino a través de los salvajes arbustos, subiendo colinas y bajando laderas, siempre en la dirección de donde habían venido esos horribles gritos. De vez en cuando Holmes miraba atentamente a su alrededor, pero las sombras eran muy densas en el páramo y no se veía nada que se moviera.

—¿Consigue usted ver algo?

—Nada.

—Pero, escuche, ¿qué es eso?

A nuestros oídos llegaba un sordo gemido. ¡De nuevo estaba a nuestra izquierda! De ese lado, una hilera de rocas terminaba en un enorme precipicio que parecía una cuesta tallada en una ladera. Sobre su mellada superficie estaba extendido un objeto oscuro, de forma irregular. Cuando corríamos hacia él, el vago perfil adquirió una forma definida. Era un hombre postrado boca abajo, en el suelo; la cabeza inclinada en un terrible ángulo, los hombros doblados y el cuerpo plegado como si fuera a dar un salto mortal. Tan grotesca era la postura, que ni por un momento pude hacerme a la idea de que el gemido había significado su muerte. Ni un solo ruido, ni un murmullo salía ahora de la oscura figura junto a la cual nos detuvimos. Holmes bajó la mano y la volvió a retirar con una exclamación de horror. El brillo de la cerilla que encendió con sus agarrotados dedos iluminó el cráneo destrozado de la víctima. E iluminó algo que nos destrozó también nuestros corazones: ¡era el cuerpo de *sir* Henry Baskerville!

Era imposible que cualquiera de nosotros olvidara ese

peculiar traje de lana, el que llevaba la primera mañana que le habíamos visto en Baker Street. Pudimos verlo bien y luego la cerilla se apagó, como si se apagara toda la esperanza que pudiera existir en nuestras mentes. Holmes gemía y la blancura de su rostro emergía a través de la oscuridad.

—Yo soy más culpable que usted, Watson. En mi afán por ordenar bien y terminar mi caso, he destruido la vida de mi cliente. En toda mi carrera, éste es el golpe más duro que he sufrido. Pero ¿cómo podía yo saber, cómo podía saber que él arriesgaría su vida viniendo solo al páramo a pesar de todas mis advertencias?

—Por eso hemos escuchado sus gritos. ¡Dios mío, esos gritos! ¡Y a pesar de ello hemos sido incapaces de salvarle! ¿Dónde está esa bestia de perro que lo condujo a la muerte? Puede que en este momento esté vagando por entre estas rocas. ¿Y Stapleton, dónde está? Deberá responder por esta acción.

—Lo hará. Me ocuparé de ello. Han asesinado al tío y luego al sobrino. El uno, aterrorizado hasta la muerte por la visión de una bestia que él creyó que era sobrenatural; el otro, conducido hasta el desenlace de su salvaje vuelo para escapar de ella. Pero ahora tenemos que probar la relación entre el hombre y la bestia. Excepto por lo que hemos oído, no podemos jurar la existencia de esta última, ya que es evidente que *sir* Henry ha muerto debido a la caída. ¡Pero, por todos los cielos, por muy astuto que sea, ese malvado caerá en mis manos antes de que amanezca otro día!

Nos quedamos con los corazones angustiados, uno a cada lado del destrozado cuerpo, abrumados por esta súbita e irreversible desgracia que había llevado todos nuestros largos y pesados trabajos a un final tan trágico. Luego, cuando salió la luna, trepamos a la cima de las rocas desde las cuales había caído nuestro pobre amigo y desde allí oteamos el oscuro páramo, mitad plata, mitad

oscuridad. A lo lejos, a millas de distancia, en la dirección de Grimpen, brillaba una sola luz fija y amarillenta. Solamente podía venir de la solitaria morada de los Stapleton. Con un gesto de amargura, le enseñé mi puño cerrado, mientras miraba.

—¿Por qué no lo cogemos ahora mismo?

—Nuestro caso no está terminado. El hombre es de lo más astuto y precavido. No basta con lo que sabemos, sino con lo que podemos probar. Si damos un paso en falso, el villano se nos puede escapar.

—¿Qué podemos hacer entonces?

—No nos faltará actividad mañana. Esta noche solamente podemos rendir los últimos honores a nuestro pobre amigo.

Juntos bajamos por la escarpada cuesta y nos acercamos al cuerpo, negro y blanco, frente a las piedras plateadas. La agonía de sus contorsionados miembros me golpeó con un espasmo de dolor e inundó mis ojos de lágrimas.

—Tenemos que pedir ayuda, Holmes. No podemos llevarlo todo el camino hasta la mansión. ¿Dios mío, está loco?

Holmes había dado un grito y se inclinó sobre el cuerpo. Ahora bailaba, reía y retorcía mi mano. ¿Podría ser éste mi amigo tan austero y comedido? ¡La verdad es que tenía un fuego oculto!

—¡Una barba! ¡Una barba! ¡El hombre tiene barba!

—¿Barba?

—¡No es *sir* Henry; es, vaya, es mi vecino, el presidiario!

Con febril impaciencia habíamos dado la vuelta al cuerpo y esa barba chorreante apuntaba hacia la fría y clara luna. No podía haber dudas sobre su frente, los ojos hundidos como un animal. Era realmente el mismo rostro que me había mirado a la luz de la vela encima de la roca, el rostro de Selden, el asesino.

Entonces, en un momento todo estuvo claro para mí. Recordé cómo *sir* Henry me había dicho que había regalado sus viejos trajes a Barrymore. Éste se los había dado a Selden para ayudarle a escapar. Botas, camisa, sombrero, todo era de *sir* Henry. La tragedia aún se hacía sentir, pero según las leyes de su país, merecía por lo menos la muerte. Dije a Holmes cómo estaba el asunto, con mi corazón palpitando de agradecimiento y alegría.

—Entonces la ropa ha sido la causa de la muerte de este desgraciado —dijo Holmes—. Está suficientemente claro que han enseñado al perro alguna prenda de *sir* Henry, muy probablemente la bota que le han sustraído en el hotel, y así persiguió a este hombre haciéndole caer. Sin embargo, existe aún algo muy extraño: ¿cómo pudo Selden, en la oscuridad, saber que el sabueso le seguía?

—Lo oyó.

—Oír a un sabueso en el páramo no haría que un hombre duro como este prisionero llegará a tal paroxismo de terror, que se arriesgue a que lo volvieran a capturar pidiendo auxilio de forma tan desesperada. Por sus gritos, debe de haber corrido mucho después de saber que el animal le seguía. ¿Cómo lo supo?

Para mí, el mayor misterio es por qué este sabueso, suponiendo que todas nuestras conjeturas fueran ciertas...

—Yo no supongo nada.

—Bueno, entonces, ¿por qué este sabueso está suelto esta noche? Supongo que no siempre corre suelto por el páramo. Stapleton no le dejaría marcharse a menos que tuviera motivos para pensar que *sir* Henry estaría aquí.

—Mi problema es el más formidable de los dos, ya que pronto tendremos una explicación del suyo, mientras que el mío permanecerá para siempre en el misterio. La cuestión ahora es: ¿qué vamos a hacer con este pobre cuerpo destrozado? No podemos dejarlo aquí a merced de los zorros y los cuervos.

—Sugiero que lo pongamos en una de las cuevas hasta que podamos informar a la policía.

—Perfectamente. No tengo ninguna duda de que entre los dos lo podremos llevar hasta allí. ¡Vaya, Watson!, ¿qué es esto? ¡Si es el hombre en persona, esto sí que es maravilloso y audaz! Ni una palabra que pueda revelar nuestras sospechas; o mis planes se irán por los suelos.

Por el páramo, una silueta se nos acercaba, y pude ver el brillo rojo de un puro. La luna lo iluminó y pude distinguir la apuesta figura y el garboso caminar del naturalista. Se detuvo cuando nos vio y luego prosiguió.

—Vaya, si es el doctor Watson, ¿o me equivoco? Es usted la última persona que esperaba encontrarme en el páramo a esta hora de la noche. ¡Pero, Dios mío! ¿Qué es esto? ¿Alguien herido? ¡No, no me diga que es nuestro amigo *sir* Henry!

Me adelantó y se detuvo delante del cadáver. Pude oír su respiración acelerada y cómo el puro se le cayó de la mano.

—¿Quién... quién es este hombre? —tartamudeó.

—Es Selden, el hombre que se evadió de Princetown.

Stapleton giró hacia nosotros su rostro, que se había vuelto pálido, pero con un supremo esfuerzo superó su espanto y su decepción. Su mirada iba de Holmes hacia mí para volver a Holmes.

—¡Cielos! ¡Qué cosa más desagradable! ¿Cómo ha muerto?

—Parece que se ha desnucado al caerse desde esas rocas. Mi amigo y yo vagábamos por el páramo cuando oímos un grito.

—También yo he oído un grito. Fue eso lo que me hizo salir. Me preocupaba *sir* Henry.

—¿Y por qué *sir* Henry precisamente? —no pude evitar preguntar.

—Porque yo le había invitado a que viniera a mi casa. Cuando no vino, me sorprendí, y naturalmente me preocupé por su seguridad cuando oí gritos en el páramo. A propósito —sus ojos volvieron a ir y venir de mi rostro al de Holmes—, ¿han oído algo, además del grito?

—No —dijo Holmes—, ¿y usted?

—No.

—¿Qué quiere decir entonces?

—Bien, ya sabe las historias que los campesinos cuentan sobre un sabueso fantasma y cosas por el estilo. Dicen que se oye por la noche en el páramo. Me estaba preguntando si esta noche no nos daría alguna prueba de ese ruido.

—No oímos nada por el estilo —dije yo.

—¿Y cuál es su teoría sobre la muerte de este pobre hombre?

—No tengo ninguna duda de que la inquietud y la intemperie lo han conducido a la muerte. Ha corrido por el páramo como un loco, se cayó aquí y se rompió el cuello.

—Me parece la teoría más razonable —dijo Stapleton, soltando un suspiro que a mi juicio indicaba su alivio—. ¿Y usted qué piensa de ello, señor Sherlock Holmes?

Mi amigo se inclinó ante su saludo.

—Es usted rápido identificando a las personas —dijo.

—Le hemos estado esperando por estos parajes desde que vino el doctor Watson. Llegó a tiempo para ver una tragedia.

—Sí, es verdad. No dudo que la explicación de mi amigo aclara los hechos. Me llevaré un desagradable recuerdo cuando mañana vuelva a Londres.

—Ah, ¿se marcha mañana?

—Ésa es mi intención.

—Espero que su visita haya arrojado algo de luz sobre estos hechos que nos han desconcertado, ¿estaré en lo cierto?

Holmes se encogió de hombros.

—No siempre se puede tener el éxito que se desea. Un investigador necesita de hechos y no de leyendas o rumores. No ha sido un caso satisfactorio.

Mi amigo habló del modo más franco y despreocupado. Stapleton siguió mirándole fijamente. Luego se giró hacia mí.

—Iba a sugerir que lleváramos a este pobre hombre a mi casa, pero ello causaría a mi hermana tal susto que no veo justificación para hacerlo. Creo que si tapamos su cara con algo, estará seguro hasta por la mañana.

Así se dispuso. Resistiendo a la hospitalaria oferta de Stapleton, Holmes y yo nos dirigimos a la mansión de los Baskerville, dejando que el naturalista volviera solo. Mirando hacia atrás, vimos su silueta desplazarse lentamente por el vasto páramo, y detrás de ella, una sombra negra sobre la ladera que mostraba al hombre yaciendo donde tan horriblemente había encontrado su fin.

—Por fin estamos estrechando los lazos —dijo Holmes mientras caminábamos juntos por el páramo—. Qué nervios tiene el hombre este. Cómo pudo disfrazar en su rostro lo que tenía que haber sido un golpe paralizante cuando vio que la víctima que había caído en la trampa era equivocada. Le dije en Londres, Watson, y se lo vuelvo a decir ahora, que nunca hemos tenido un enemigo que socavara tanto nuestras fuerzas.

—Lamento que le haya visto.

—Y así fue al principio. Pero no había otra solución.

—Ahora que él sabe que usted está aquí, ¿cómo cree que eso va a afectar a sus planes?

—Puede hacer que sea más cauteloso o le puede llevar de inmediato a tomar medidas desesperadas. Al igual que la mayoría de los criminales inteligentes, puede que confíe demasiado en su propia astucia y se imagine que nos ha engañado totalmente.

—¿Por qué no le detenemos de inmediato?

—Mi querido Watson, usted nació para ser un hombre de acción. Su instinto es el de hacer siempre algo enérgico. Pero supongamos, en favor de sus argumentos, que lo detenemos esta noche; ¿qué ganaríamos con ello? No tenemos pruebas en contra suya. Ahí reside su diabólica astucia. Si él estuviera actuando con la ayuda de otro hombre, podríamos obtener algunas pruebas, pero si tenemos que sacar a su gran sabueso a la luz del día, éste no ayudará a poner la soga alrededor del cuello de su amo.

—No hay duda de que estamos delante de un problema.

—Ni sombra de ello, solamente suposiciones y conjeturas. Nos echarían del tribunal si fuéramos con una historia y una prueba así.

—Está la muerte de *sir* Charles.

—Encontrado muerto sin una sola señal. Usted y yo sabemos que ha muerto de terror y también sabemos qué es lo que le asustó hasta tal extremo; pero ¿cómo conseguiremos que los doce miembros del jurado lo sepan? ¿Dónde están las señales de un sabueso? ¿Dónde están las huellas de sus colmillos? Naturalmente, sabemos que un sabueso no muerde a un cadáver y que *sir* Charles estaba muerto antes de que la bestia lo alcanzara. Pero todo esto lo tenemos que probar y no estamos en condiciones de hacerlo.

—Bueno, ¿y esta noche?

—Esta noche no estamos mucho mejor. Una vez más, no existe una relación directa entre el sabueso y la muerte del hombre. Nunca vimos al perro. Lo oímos; pero no podemos probar que iba detrás del hombre. Hay una total ausencia de motivo. No, mi querido amigo; tenemos que resignarnos con el hecho de que, de momento, no disponemos de ninguna causa y que vale la pena que corramos cualquier riesgo para obtener una.

—¿Y cómo se propone hacerlo?

—Albergo muchas esperanzas en lo que la señora Laura Lyons pueda hacer por nosotros cuando se le aclaren las ideas. Y también tengo mi propio plan. Su maldad es bastante para mañana; pero espero que antes de que termine el día lo tendré terminado.

No le pude sacar más y se puso a caminar, sumido en sus pensamientos, hasta las verjas de la mansión de los Baskerville.

—¿Subirá?

—Sí; no veo motivo para ocultarme más. Una última cuestión, Watson. No diga nada a *sir* Henry sobre el sabueso. Deje que él piense que la muerte de Selden tuvo lugar como Stapleton nos quiso hacer creer. Así tendrá más valor para la penosa experiencia que tendrá que pasar mañana, ya que está invitado, si es que recuerdo bien su informe, a cenar con esa gente.

—Yo también estoy invitado.

—Pues tendrá que disculparse, ya que él tiene que ir solo. Eso se arreglará fácilmente. Y ahora, ya que llegamos demasiado tarde para comer, creo que ambos estamos listos para cenar.

XIII

Echando las redes

Sir Henry quedó más satisfecho que sorprendido de ver a Sherlock Holmes, ya que hacía algunos días que esperaba que los recientes acontecimientos le harían venir desde Londres. Sin embargo, frunció las cejas cuando verificó que mi amigo no traía equipaje, ni ninguna explicación de su ausencia. Entre los dos, pronto le calmamos y luego durante la tardía cena le explicamos lo sucedido, si bien únicamente lo que creíamos que él debería saber.

Pero primero tuve el desagradable deber de comunicar a Barrymore y a su mujer la muerte de Selden. Para el puede que haya significado un alivio, pero ella sollozó amargamente, secándose las lágrimas con el delantal. Para todo el mundo era un hombre violento, medio animal y medio demonio; pero para ella siempre continuaba siendo el pequeño chiquillo salvaje de su infancia, el niño que llevaba colgado de su mano. Desgraciado en verdad es el hombre que no tiene a una mujer que llore su muerte.

—He estado abatido en casa durante todo el día, desde que Watson salió por la mañana —dijo *sir* Henry—. Creo que tendré mis méritos, ya que he cumplido mi promesa. Si no hubiese jurado que no saldría solo, podría haber pasado una noche más agitada, ya que recibí un mensaje de Stapleton invitándome a ir.

—No tengo ninguna duda de que habría tenido una noche más agitada —dijo Holmes secamente—. A propósito, no creo que sepa que hemos estado llorando su muerte por haberse desnucado, ¿verdad?

Sir Henry abrió los ojos.

—¿Cómo fue eso?

—Ese pobre desgraciado llevaba puesta su ropa. Supongo que su criado se la ha dado para que pudiera marcharse sin ser molestado por la policía.

—Eso es improbable. Que yo sepa, ninguna de las prendas tenía marca alguna.

—Eso es bueno para él; de hecho, es bueno para todos ustedes, ya que todos están fuera de la ley en este asunto. No estoy seguro de si, como detective consciente, mi primer deber no será detener a todos los de la casa. Los informes de Watson son documentos de lo más acusadores.

—Pero sobre el caso —preguntó *sir* Henry—, ¿ha conseguido desenmarañar algo? No veo que Watson y yo hayamos adelantado mucho desde que vinimos.

—Creo que estaré en condiciones de aclararle bastante la situación dentro de muy poco tiempo. Ha sido un asunto de lo más difícil e intrincado. Existen varios puntos para los cuales necesitamos aún luz, pues todo está sucediendo al mismo tiempo.

—Nos ha pasado algo que sin duda Watson ya le habrá contado. Oímos al sabueso en el páramo, por lo cual puedo jurar que no se trata meramente de una superstición. Cuando estaba en el Oeste, trataba algo con perros y conocía a cada uno por su aullido. Si a ése usted puede ponerle el bozal y la cadena, estoy dispuesto a jurar que es usted el mejor detective de todos los tiempos.

—Le pondré el bozal y la cadena si usted me ayuda.

—Haré todo lo que usted me diga.

—Muy bien; también le pediré que lo haga todo a ciegas, sin estar siempre preguntando los motivos.

—Lo haré como usted guste.

—Si lo hace, creo que existen probabilidades de que nuestro pequeño problema pronto esté solventado. No tengo duda...

Se detuvo de repente y miró fijamente hacia el aire, por encima de mi cabeza. La luz le iluminaba el rostro y éste estaba tan atento y tan inmóvil que se asemejaba al de una estatua clásica, una personificación de vigilancia y expectación.

—¿Qué pasa? —exclamamos ambos.

Pude ver, cuando desvió la mirada, que reprimía alguna emoción interior. Su expresión seguía serena, pero los ojos le brillaban con divertido júbilo.

—Disculpen la admiración de un experto —dijo mientras con la mano señalaba la serie de retratos que cubría la pared de enfrente—. Watson no quiere admitir que yo sepa algo de arte, pero es puramente una cuestión de celos, ya que nuestras opiniones sobre el tema difieren. Pero la verdad es que ésta es realmente una serie muy buena de retratos.

—Bueno, me alegra oírle decir eso —dijo *sir* Henry mirando algo sorprendido a mi amigo—. No pretendo saber mucho de estas cosas y sabría mejor juzgar a un caballo o a un novillo que a un cuadro. No sabía que usted tenía tiempo para estas cosas.

—Sé lo que es bueno cuando lo veo, y ahora lo estoy viendo. Juraría que la foto de la dama vestida de seda azul es un Kneller y que el caballero con la peluca debe de ser un Reynolds. Supongo que son todos retratos de familia, ¿no es así?

—Todos ellos.

—¿Sabe usted sus nombres?

—Barrymore me los está enseñando y creo que podré repetir muy bien la lección.

—¿Quién es el caballero con el telescopio?

—Ése es el contraalmirante Baskerville, que sirvió al mando de Rodney en las Indias occidentales. El hombre con el abrigo azul y el rollo de papel en la mano es *sir* William Baskerville, que fue presidente de las Comisiones del Parlamento durante el mandato de Pitt.

—¿Y este caballero, delante de mí, uno con tercipelo negro y encajes?

—Ah, tiene usted derecho a conocerle. Es la causa de todos los males, el malvado Hugo, que dio comienzo a la maldición del sabueso de los Baskerville. No podremos olvidarle.

Miré el cuadro con interés y algo de sorpresa.

—¡Vaya por Dios! —dijo Holmes—, parece un hombre tranquilo, dócil, pero osaría decir que en sus ojos hay un demonio oculto. Me lo figuraba una persona más robusta y brutal.

—No existe duda sobre la autenticidad, ya que el nombre y la fecha, 1647, están al dorso de la tela.

Holmes poco más dijo, pero el retrato del viejo jaranero pareció fascinarle y su mirada estuvo continuamente fija en él durante la cena. Ya era tarde cuando *sir* Henry se había retirado a sus aposentos. Logrando seguir la pista de sus pensamientos, Holmes me condujo al comedor de gala, llevando la vela de su dormitorio en la mano e iluminando el retrato manchado por el tiempo que colgaba de la pared.

—¿Ve usted algo aquí?

Miré hacia el sombrero con una ancha pluma, los largos rizos, el cuello de encaje blanco y el duro rostro al cual servían de marco.

No tenía una expresión brutal, pero era estirado, duro y austero, con una boca de labios finos y una mirada intolerablemente fría.

—¿Se parece a alguien que usted conozca?

—Hay algo de *sir* Henry en esa boca.

—Puede que sea solamente una sugestión. ¡Pero espere un momento!

Se subió a una silla y, sujetando la vela con la mano izquierda, dobló el brazo derecho sobre el ancho sombrero y alrededor de los largos rizos.

—¡Dios mío! —exclamé sorprendido.

El rostro de Stapleton había saltado de la tela.

—¿Lo ve ahora? Mis ojos han sido entrenados para examinar rostros y no sus encajes. Es la primera cualidad de un investigador criminal: ver a través de un disfraz.

—Pero si es extraordinario. Podría ser su retrato.

—Sí, es un interesante caso de reversión, que parece ser tanto física como espiritual. Un estudio de retratos de familia es suficiente para convertir a un hombre a la doctrina de la reencarnación. El hombre es un Baskerville, eso es evidente.

—Con afanes de sucesión.

—Elemental. Esta oportunidad de ver el cuadro nos ha suministrado uno de los eslabones que más falta nos hacían. Ya lo tenemos, Watson, ya lo tenemos; me atrevo a jurar que antes de la noche de mañana estará atrapado en nuestra red, tan impotente como una de sus mariposas. ¡Un alfiler, un corcho y una tarjeta y lo añadimos a la colección de Baker Street!

Soltó una de sus raras carcajadas cuando se apartó del cuadro. No le había oído reír muchas veces y eso siempre era mala señal para alguien.

Por la mañana me levanté temprano, pero Holmes se me había adelantado, ya que mientras me vestía le vi subir por el sendero.

—Sí, hoy tenemos un día muy atareado —dijo frotándose las manos de alegría—. Las redes ya están todas en su lugar y la cacería está a punto de empezar. Antes de que se termine el día sabremos si hemos pescado nuestro gran lucio o si se ha escapado por entre las mallas.

—¿Ya ha estado usted en el páramo?

—Desde Grimpen he enviado un mensaje a Princetown sobre la muerte de Selden. Creo poder prometer que ninguno de ustedes será molestado por el asunto. También he hablado con mi fiel Cartwright, que ciertamente no se hubiera apartado de la puerta de mi cueva, como un perro delante de la tumba de su amo, si no le dejo tranquilo sobre mi integridad.

—¿Cuál es el siguiente paso?

—Ver a *sir* Henry. ¡Ah, aquí lo tenemos!

—Buenos días, Holmes —dijo nuestro anfitrión—. Parece usted un general que está planificando una batalla con su jefe de tropa.

—Ésa es exactamente la situación. Watson estaba aguardando órdenes.

—Lo mismo me ocurre a mí.

—Muy bien. Según he entendido, ustedes están invitados a cenar esta noche con los Stapleton.

—Me agradaría que nos acompañara. Son gente muy hospitalaria y estoy seguro de que quedarían muy satisfechos de verle.

—Me temo que Watson y yo tenemos que marcharnos a Londres.

—¿A Londres?

—Sí, creo que en este momento seremos de más utilidad allí.

El rostro de *sir* Henry se alargó.

—Supuse que me acompañarían a lo largo de todo este asunto. La mansión y el páramo no son lugares muy agradables cuando uno se encuentra solo.

—Mi querido amigo, tiene usted que confiar en mí totalmente y hacer exactamente lo que le digo. Podrá decir a sus amigos que nos hubiese encantado ir con usted, pero que un asunto urgente nos requirió en la ciudad. ¿No olvidará darles este recado?

—Si usted insiste en que así sea...

—No hay otra alternativa, se lo aseguro.

Vi en la mirada de *sir* Henry que estaba profundamente herido por lo que él consideraba nuestro abandono.

—¿Cuándo desea marcharse? —preguntó fríamente.

—Inmediatamente después del desayuno. Iremos a Coombe Tracey, pero Watson dejará sus cosas como prueba de que volverá aquí. Watson, usted enviará un recado a Stapleton diciéndole que lamenta no poder ir a su cena.

—Me gustaría ir a Londres con ustedes —dijo *sir* Henry—. ¿Por qué voy a quedarme aquí solo?

—Porque éste es su lugar de operaciones y porque me ha dado su palabra de que haría lo que se le dijera, y yo le digo que se quede.

—Muy bien, entonces me quedaré.

—¡Una orden más! Deseo que vaya a Merripit House, mande su coche de vuelta y les diga que regresará caminando.

—¿Caminar a través del páramo?

—Sí.

—Pero si eso es lo que tanto me han dicho ustedes que no hiciera bajo ningún pretexto.

—Esta vez puede hacerlo con tranquilidad. Si no confiara totalmente en su valor no se lo sugeriría, pero es esencial que lo haga.

—Bueno, pues lo haré.

—Y si tiene aprecio por su vida, no cruce el páramo en ninguna dirección a no ser por el sendero recto que va desde Merripit House hacia la carretera de Grimpen, y que es su camino normal de vuelta a casa.

—Haré exactamente lo que me dice.

—Muy bien. Desearía marcharme lo más pronto posible después del desayuno, para poder llegar a Londres por la tarde.

Yo estaba muy sorprendido con este programa, aunque recordara que Holmes había dicho a Stapleton la noche anterior que su visita terminaría al día siguiente. Sin embargo, no había pasado por mi mente que él deseaba que le acompañara, ni podía entender cómo podíamos ausentarnos los dos en un momento que él mismo calificaba de crítico. Sin embargo, no había nada que hacer sino obedecer sin más; así que nos despedimos de nuestro abatido amigo y, pasadas unas horas, estábamos en la estación de Coombe Tracey y habíamos mandado el coche de vuelta a casa. Un chiquillo aguardaba en el andén.

—¿Alguna orden, señor?

—Cogerás este tren hacia la ciudad, Cartwright. Cuando llegues enviarás un telegrama a *sir* Henry Baskerville, en mi nombre, diciendo que si encuentra la agenda que se me cayó, la remita por correo certificado a Baker Street.

—Sí, señor.

—Y preguntas en la taquilla de la estación si hay algún recado para mí.

El chico volvió con un telegrama que Holmes me entregó. Decía: "Recibido telegrama. Voy con declaración sin firmar. Llego a las cinco cuarenta. – LESTRADE".

—Es la contestación al que envié esta mañana. Es, creo, el mejor de los profesionales y necesitaremos su ayuda. Ahora, Watson, creo que no podríamos emplear mejor nuestro tiempo sino para ir a ver a su amiga la señora Laura Lyons.

Se empezaba a desvelar su plan de campaña. Usaría a *sir* Henry con el objeto de convencer a los Stapleton de que nos habíamos ido, aunque realmente volveríamos en el momento que hiciéramos falta. Ese telegrama desde Londres, si *sir* Henry hablaba de él a los Stapleton, borraría de sus mentes las últimas sospechas. Ya me parecía ver nuestras redes alrededor de ese lucio de grandes mandíbulas.

Cuando llegamos la señora Laura Lyons estaba en su

escritorio y Sherlock Holmes empezó la conversación con sinceridad y directo al asunto, lo que la satisfizo bastante.

—Estoy investigando las circunstancias que concurrieron en la muerte del fallecido *sir* Henry Baskerville —dijo—. Mi amigo, aquí presente, el doctor Watson, me ha informado sobre lo que le ha dicho usted y también de lo que ha ocultado en relación con este asunto.

—¿Qué he ocultado yo? —preguntó ella con aire de desafío.

—Usted ha confesado que había pedido a *sir* Charles que estuviera a la puerta a las diez de la noche. Sabemos que ésos son el lugar y la hora de su muerte. Ha ocultado qué relación existe entre estos hechos.

—No hay ninguna relación.

—En ese caso, se trata de una coincidencia muy extraordinaria. Pero creo que, a pesar de todo, lograremos establecer una relación. Quiero serle completamente sincero, señora Lyons. Consideramos este caso como un asesinato y las pruebas pueden implicar no solamente a su amigo el señor Stapleton, sino también a su esposa.

La mujer dio un salto en la silla.

—¡Su esposa! —exclamó.

—El hecho ya no es un secreto. La persona que se hacía pasar por su hermana es realmente su esposa.

La señora Lyons había vuelto a su asiento. Sus manos estaban crispadas sobre los brazos de la silla y vi que sus uñas de color rosa se habían vuelto blancas por la fuerza que hacía.

—¡Su esposa! —dijo de nuevo—. ¡Su esposa! Si no estaba casado.

Sherlock Holmes se encogió de hombros.

—¡Pruébemelo! ¡Pruébemelo! ¡Y si puede hacerlo...!

El feroz brillo de sus ojos dijo más que cualquier palabra.

—Vine preparado para hacerlo —dijo Holmes, sacándose varios papeles del bolsillo—. Aquí está una fotografía de la pareja, obtenida en York hace cuatro años. Está firmada, "Sr. y Sra. Vandeleur", pero no le resultará difícil reconocerle, así como a ella, si es que la ha visto. Aquí tengo tres declaraciones escritas por testigos de confianza del señor y la señora Vandeleur, que en esa época poseían el colegio privado de St. Oliver. Léalas y vea si puede dudar de la identidad de esas personas.

Les echó una mirada y luego nos miró con el rostro rígido de una mujer desesperada.

—Señor Holmes —dijo—, este hombre me propuso casarse conmigo a condición de que yo pudiera obtener el divorcio de mi marido. Me ha mentido, el villano, en todo lo imaginable. Jamás me ha dicho una palabra que fuera verdad. Y ¿por qué...? Yo me imaginaba que todo era por mi bien. Pero ahora veo que no he sido más que un instrumento en sus manos. ¿Por qué tendría yo que serle fiel, si nunca lo ha sido él conmigo? ¿Por qué deberé protegerle contra las consecuencias de sus malvadas acciones? Pregúnteme lo que quiera y no habrá nada que yo le oculte. Una cosa le puedo jurar y es que, cuando escribí la carta, jamás soñé que hiciera algún daño al anciano que había sido mi mejor amigo.

—La creo totalmente, señora —dijo Sherlock Holmes—. El relato de estos hechos tiene que ser muy doloroso para usted y puede que le resulte más fácil si le digo lo que ha pasado, y podrá corregirme si me equivoco en algo. ¿Ha sido Stapleton quien le sugirió que enviara esa carta?

—La dictó él.

—Supongo que los motivos que él alegó eran que usted deseaba recibir ayuda de *sir* Charles para los gastos legales relacionados con su divorcio.

—Exactamente.

—¿Y entonces, después de que usted hubiese enviado la carta, él la disuadió de acudir a la cita?

—Me dijo que heriría su amor propio el que otro hom-

bre tuviese que dar el dinero para tal fin y que, aunque fuera pobre, se gastaría hasta el último penique para eliminar las barreras que nos separaban.

—Muestra un carácter muy seguro. Y luego, ¿usted no ha sabido nada hasta que leyó las noticias del fallecimiento en el periódico?

—No.

—¿Le hizo jurar que no diría nada sobre su cita con *sir* Charles?

—Lo hizo. Dijo que la muerte estaba rodeada de misterio y que seguramente yo sería sospechosa si se conocían los hechos. Me asustó para que me callara.

—Es más o menos eso. ¿Pero usted tenía sus sospechas?

Ella vaciló y bajó la mirada.

—Le conocía —dijo—. Pero si él hubiese cumplido su palabra, yo siempre lo hubiese hecho también.

—Creo que, a pesar de todo, se ha librado usted de una buena —dijo Sherlock Holmes—. La ha tenido en sus manos y él lo sabía, y aun así usted sigue con vida. Durante algunos meses ha estado usted caminando por la orilla del precipicio. Ahora tenemos que despedirnos, señora Lyons. Es probable que dentro de muy poco tiempo nos volvamos a ver.

—Nuestro caso empieza a aclararse y de dificultad en dificultad se estrecha delante de nosotros —dijo Holmes mientras estábamos esperando la llegada del expreso de la ciudad—. Pronto estaré en situación de poder hacer un relato completo de uno de los crímenes más raros y sensacionales de los últimos tiempos. Los estudiantes de criminología recordarán los idénticos incidentes en Grodno, en Rusia, en el año 66, y naturalmente tenemos los asesinos Anderson en Carolina del Norte, pero este caso posee algunas características que le son totalmente peculiares. Incluso ahora no disponemos de una prueba clara contra este hombre tan perverso. Pero mucho me sorprendería que no quedara bien aclarado antes de que nos acostemos esta noche.

El expreso de Londres entró con estruendo en la estación y un hombre bajito, delgado pero fuerte, salió de un coche de primera clase. Los tres nos estrechamos las manos y constaté de inmediato, por el modo reverente con que Lestrade saludaba a mi compañero, que había aprendido mucho desde el día en que habían empezado a trabajar juntos. Pude recordar muy bien el desprecio que entonces tenían las teorías del hombre de la deducción, utilizadas para hacer mella en el hombre de acción.

—¿Algo de bueno? —preguntó.

—Lo más grande desde hace años —dijo Holmes—. Nos quedan dos horas antes de que tengamos que pensar en empezar. Creo que las podremos emplear en comer algo y entonces, Lestrade, le quitaremos la niebla de Londres de su garganta, haciéndole respirar el aire puro de la noche de Dartmoor. ¿Nunca ha estado allí? Pues creo que no olvidará su primera visita.

XIV

El sabueso de los Baskerville

Uno de los defectos de Sherlock Holmes —si es que de verdad se le puede llamar defecto— es que se resistía extraordinariamente a revelar todos sus planes a cualquier otra persona hasta el momento de su puesta en práctica. En parte provenía sin duda de su naturaleza dominante, le gustaba dominar y sorprender a aquellos que le rodeaban. Y, por otro lado, estaba su cautela profesional, que le obligaba a no correr ningún riesgo. El resultado, sin embargo, era muy molesto para aquellos que estaban actuando como sus ayudantes. Muchas veces lo he sufrido en mi propia piel, pero nunca tanto como en el largo viaje en la oscuridad. La gran experiencia estaba delante de nosotros; por lo menos estábamos a punto de dar nuestro último paso y Holmes aún no había dicho nada; solamente me quedaba hacer conjeturas sobre cuál sería su forma de actuar. Mis nervios se estremecían de emoción por anticipado cuando por fin el frío viento en nuestros rostros y los espacios oscuros, vacíos a ambos lados de la angosta carretera, me dijeron que de nuevo nos encontrábamos en el páramo. Cada zancada de los caballos y cada vuelta de las ruedas nos acercaba más a nuestra suprema aventura.

Nuestra conversación era estorbada por la presencia

del conductor del coche de alquiler, de forma que nos veíamos obligados a hablar de temas sin importancia cuando nuestros nervios estaban tensos por la emoción y la expectación. Fue un alivio para mí, después de ese extraño freno, cuando por fin pasamos la casa de Frankland y supe que estábamos cerca de la mansión y del escenario de la acción. No nos dirigimos hacia la puerta, sino que fuimos por detrás, por la verja de la alameda. Se pagó al cochero y se le ordenó que volviera directamente a Coombe Tracey, mientras empezábamos a caminar hacia Merripit House.

—¿Está armado, Lestrade?

El pequeño detective sonrió.

—Mientras lleve los pantalones, tengo un bolsillo trasero, y mientras tenga un bolsillo trasero tendré algo dentro de él.

—¡Bien! Tanto mi amigo como yo también estamos preparados para las emergencias.

—Se siente usted muy seguro sobre este asunto, señor Holmes. ¿Cuál es el juego ahora?

—Un juego de espera.

—Le doy mi palabra que éste no parece un lugar muy ameno —dijo el detective con un escalofrío, mirando a su alrededor, hacia las escarpadas laderas de la colina y el enorme lago de niebla que cubría el Charco de Grimpen—. Veo luces de una casa delante de nosotros.

—Es Merripit House, el final de nuestro viaje. Le debo pedir que camine de puntillas y hable en voz baja.

Nos desplazamos cuidadosamente a lo largo del sendero como si nos dirigiéramos a la casa, pero Holmes nos detuvo cuando nos encontrábamos a unas doscientas yardas.

—Esto es —dijo—. Estas rocas de la derecha son un escondite admirable.

—¿Hay que esperar aquí?

—Sí, aquí tenderemos nuestra pequeña emboscada.

Métase en este hueco, Lestrade. Usted ya ha estado dentro de la casa, ¿no es así, Watson? ¿Podría describir la situación de los aposentos? ¿Qué son esas ventanas con rejas en este extremo?

—Creo que son las ventanas de la cocina.

—¿Y la otra de más allá, que brilla tanto?

—Seguramente es la del comedor.

—Las persianas están subidas. Usted sabe reconocer mejor el terreno. Arrástrese silenciosamente hacia delante y vea lo que están haciendo. ¡Pero, por el amor de Dios, no permita que se enteren de que están siendo vigilados!

Caminé de puntillas por el sendero y me detuve delante de la baja pared que rodeaba el achaparrado huerto. Yendo a rastras, por su sombra, llegué a un punto donde pude mirar directamente a través de la ventana sin cortinas.

En la sala solamente estaban dos hombres, *sir* Henry y Stapleton. Estaban sentados con los rostros hacia mí a ambos lados de la mesa redonda. Los dos estaban fumando puros y delante de ellos había café y vino. Stapleton hablaba animadamente, pero *sir* Henry estaba pálido y distraído. Quizá el pensar que iba a volver caminando por ese maldito páramo estuviese pesando mucho en su ánimo.

Cuando los vigilaba, Stapleton se levantó y salió de la sala, mientras que *sir* Henry volvió a llenar su copa y se inclinó hacia atrás en la silla, aspirando el humo de su puro. Oí el crujir de una puerta y el claro sonido de las botas sobre la grava. Los pasos iban a lo largo del sendero por el otro lado de la pared bajo la cual me agaché. Mirando por encima, vi al naturalista detenerse en la puerta de una caseta en la esquina del huerto. Una llave giró en la cerradura y cuando él entró vino de dentro un ruido extraño. Solamente permaneció cerca de un minuto, o algo así, en el interior; entonces volví a oír girar la llave, pasó cerca y volvió a entrar en la casa. Le vi reunirse con su huésped y me arrastré silenciosamente hasta donde estaban mis compañeros para decirles lo que había visto.

—¿Dice usted, Watson, que la mujer no está? —preguntó Holmes cuando terminé mi informe.

—No.

—¿Dónde podrá estar, puesto que no hay luz en ningún otro aposento, a no ser en la cocina?

—No puedo imaginarme dónde está.

He dicho que sobre el gran Charco de Grimpen se extendía una densa niebla blanca. Se estaba desplazando lentamente en nuestra dirección y se interponía como una pared a nuestro lado, baja pero espesa y bien definida. La luna brillaba sobre ella y parecía un reluciente campo de hielo con las cimas de los distantes picos rocosos brotando de su superficie. El rostro de Holmes estaba girado hacia él y refunfuñaba impacientemente mientras observaba su lento avance.

—Viene hacia nosotros, Watson.

—¿Es grave eso?

—Muy grave, realmente; la única cosa del mundo que podría haber estropeado mis planes. *Sir* Henry ya no puede tardar mucho. Ya son las diez. Nuestro éxito e incluso su vida puede depender de que salga antes de que la niebla cubra el sendero.

La noche era clara y agradable. El brillo de las estrellas era frío, mientras que una media luna bañaba todo el escenario con una luz suave, insegura. Delante de nosotros asomaba el negro bulto de la casa, su techo dentado y las erizadas chimeneas muy bien definidas contra el cielo salpicado de plata. Anchas franjas de luz dorada salían de las ventanas más bajas a través del huerto y del páramo. De pronto se apagó una de ellas. Los criados habían salido de la cocina. Solamente quedaba luz en el comedor donde los dos hombres, el criminal anfitrión y el inconsciente invitado, seguían charlando y fumando.

Cada minuto que pasaba, ese manto de lana blanca que cubría la mitad del páramo se iba acercando más a la casa. Ya sus primeros finos girones se rizaban a través del recuadro dorado de la ventana iluminada. Ya no se veía la pared más lejana del huerto y los árboles emergían de una nube de vapor blanco. Mientras la mirábamos, las lenguas de niebla rastreaban alrededor de ambas esquinas de la casa y empezaban a formar un denso manto sobre el cual el piso de arriba y el tejado flotaban como un extraño barco sobre un mar poco profundo. Holmes extendió la mano con vehemencia sobre la roca que teníamos delante y dio impacientes golpes con los pies.

—Si no sale dentro de un cuarto de hora, el sendero estará cubierto. Media hora más y no podremos ver nuestras propias manos.

—¿Deberemos retroceder hacia un terreno más elevado?

—Sí, creo que sería mejor.

Así que, mientras el banco de niebla avanzaba, retrocedimos delante de él hasta quedarnos a media milla de la casa, y, sin embargo, ese denso mar blanco, con la luna brillando sobre su borde superior, seguía avanzando lenta e inexorablemente.

—Nos estamos distanciando demasiado —dijo Holmes—. No podemos arriesgarnos a que le cojan antes de que pueda alcanzarnos. A toda costa tenemos que mantenernos donde estamos. —Se arrodilló y puso una de sus orejas pejada al suelo—. Gracias a Dios, creo que le oigo venir.

Un ruido de pasos apresurados rompió el silencio del páramo. Arrastrándonos entre las piedras, miramos atentamente hacia el manto salpicado de plata que teníamos delante. Los pasos se hicieron oír con más intensidad, y a través de la niebla, como a través de una cortina, pasó el hombre que estábamos esperando. Miró a su alrededor, sorprendido, cuando emergió en la noche clara y estrellada. Luego corrió rápidamente a lo largo del sendero, pasó junto al lugar donde nos encontrábamos y se fue subiendo la larga ladera delante de nosotros. Mientras caminaba, miraba continuamente hacia ambos lados, como alguien que está intranquilo.

—¡Chist! —gritó Holmes, y oí el nítido ruido de amartillar una pistola—. ¡Atención! ¡Viene!

Hubo un ruido sordo y continuo en alguna parte en el centro de ese manto serpenteante. La nube estaba a unas cincuenta yardas del lugar donde nos encontrábamos y los tres dirigimos nuestras miradas hacia ese punto, inseguros del horror que estaba a punto de emerger de su centro. Yo estaba muy cerca de Holmes y miré durante un instante su rostro. Estaba pálido y nervioso, sus ojos brillaban a la luz de la luna. Pero de repente se dirigieron hacia delante, con una mirada rígida, fija, y sus labios se abrieron de satisfacción. En ese mismo momento, Lestrade soltó un grito de terror y se lanzó boca abajo al suelo. Extendí los pies, con mi mano inerte asiendo la pistola, la mente paralizada por la terrible silueta que había emergido delante de nosotros a través las sombras de la niebla. Era un perro, un enorme perro negro como el carbón, no un perro que hayan visto nunca los ojos de cualquier mortal. De su hocico abierto salía fuego, sus ojos brillaban con una chispa latente, sus mandíbulas y su papada estaban bañadas por una luz parpadeante.

Jamás en el sueño delirante de un cerebro trastornado podría imaginarse algo más salvaje, más espantoso, más horrible que esa oscura forma y horrorosa expresión que salió hacia nosotros desde el manto de niebla.

Con largos saltos, la enorme bestia negra iba corriendo por el sendero, siguiendo con precisión las huellas de nuestro amigo. Estábamos tan paralizados por la aparición, que dejamos que el sabueso pasara antes de

poder recuperar la calma. Entonces Holmes y yo disparamos al mismo tiempo, el animal soltó un terrible aullido que indicó que por lo menos uno lo había alcanzado. Sin embargo no se detuvo, sino que saltó hacia delante. A lo lejos, en el camino, vimos a *sir* Henry mirando hacia atrás, su rostro pálido a la luz de la luna, las manos rígidas por el susto, buscando ayuda y mirando impotente hacia la terrible mole que le estaba dando caza.

Pero ese aullido de dolor del perro había echado al viento todos nuestros temores. Si era vulnerable era mortal, y si lo podíamos herir podíamos matarlo. Nunca había visto a un hombre correr como Holmes lo hizo esa noche. Reconozco que soy veloz al andar, pero él me adelantó tanto como yo superé al pequeño detective. Delante de nosotros, mientras volábamos por el sendero, oímos uno detrás de otro los gritos de *sir* Henry y el profundo rugido del perro. Llegué a tiempo de ver a la bestia lanzarse sobre su víctima, tirarla al suelo y morderle la garganta. Pero en ese preciso instante Holmes vació cinco cartuchos de su revólver sobre el flanco del animal. Con un último rugir de agonía y un perverso chasquido en el aire se desplomó sobre el dorso, dando furiosas patadas para luego caer hacia un lado. Me detuve, jadeante, y acerqué mi arma a la tremenda cabeza, pero ya no hacía falta pulsar el gatillo. El gigantesco perro estaba muerto.

Sir Henry yacía sin conocimiento donde había caído. Le desabrochamos el cuello de la camisa y Holmes murmuró una acción de gracias cuando vimos que no había ninguna señal de mordedura y que el salvamento se había hecho a tiempo.

Los párpados de nuestro amigo se estremecieron e hizo un débil esfuerzo para moverse. Lestrade introdujo su petaca de coñac entre los dientes de *sir* Henry y dos ojos asustados se fijaron en nosotros.

—¡Dios mío! —susurró—. ¿Qué era eso? ¡Por todos los cielos! ¿qué era?

—Sea lo que sea está muerto —dijo Holmes—. De una vez por todas hemos destruido al fantasma de la familia.

En tamaño y corpulencia, era un terrible animal lo que yacía delante de nosotros. No se trataba de un sabueso puro ni de un mastín puro, sino que parecía ser una mezcla de los dos: adusto, salvaje y tan grande como una pequeña leona. Incluso ahora, en la inmovilidad de la muerte, las enormes mandíbulas parecían despedir chispas y los pequeños ojos, crueles, hundidos, estaban inyectados en fuego. Puse mi mano sobre el brillante hocico y mientras le sujetaba hacia arriba, mis dedos brillaron en la oscuridad.

—Fósforo —dije.

—Un ingenioso preparado de fósforo —dijo Holmes, oliendo al animal muerto—. No hay ningún olor que pudiera haber interferido con éste. Le debemos una disculpa, *sir* Henry, por haberle expuesto a este susto. Yo estaba preparado para encontrar a un perro, pero no a un animal como éste. Y la niebla nos dio poco tiempo para recibirlo.

—Me ha salvado la vida.

—Habiéndola primero puesto en peligro. ¿Se siente con fuerzas para ponerse en pie?

—Déme otro trago de ese coñac y estaré listo para lo que sea. ¡Así! Ahora, haga el favor de ayudarme a incorporarme. ¿Qué sugiere que se haga con él?

—Dejarlo aquí. Esta noche usted no está para más aventuras. Si quiere esperar, uno de nosotros le acompañará hasta la mansión.

Intentó ponerse en pie; pero seguía pálido como un cadáver y todos sus miembros temblaban. Le ayudamos para que se sentara sobre una piedra, donde se quedó lleno de escalofríos y con el rostro oculto por las manos.

—Ahora tenemos que dejarle —dijo Holmes—. Tenemos que terminar nuestro trabajo y cada minuto que pasa es importante. Ya tenemos el motivo y ahora sólo nos falta tener a nuestro hombre.

—Existe una probabilidad entre mil de encontrarle en casa —prosiguió Holmes cuando reanudábamos nuestro camino por el sendero—. Los disparos le habrán avisado de que el juego estaba perdido.

—Nos encontrábamos a cierta distancia y esta niebla puede que los haya amortiguado.

—Ha seguido al perro para llamarle, de eso pueden estar seguros. No, no, ¡a esta hora ya se ha marchado! Pero iremos a la casa para asegurarnos.

La puerta principal estaba abierta, de modo que entramos y buscamos en todas las habitaciones, para sorpresa de un chocho sirviente que nos encontró en el pasillo. Sólo había luz en el comedor, pero Holmes cogió un candelabro y no dejó un rincón de la casa sin explorar. No logramos ver rastro del hombre que buscábamos. Sin embargo, en el piso de arriba la puerta de uno de los dormitorios estaba cerrada.

—¡Aquí hay alguien! —gritó Lestrade—. Puedo oír ruido. ¡Abra la puerta!

Un débil gemido salía de la habitación. Holmes golpeó la puerta con el pie justo encima de la cerradura y ésta cedió. Empuñando las pistolas, los tres entramos de sopetón.

Pero dentro no había ninguna señal del desesperado y desafiante villano que esperábamos encontrar. En su lugar, nos vimos frente a algo tan extraño y tan inesperado, que durante unos instantes nos lo quedamos mirando sorprendidos.

El aposento había sido transformado en un pequeño museo y las paredes estaban revestidas por una gran cantidad de cajas con tapa de vidrio llenas de esa colección de mariposas y polillas cuya formación había sido la distracción de este complicado y peligroso hombre.

En el centro de la sala había un palo vertical que había sido colocado en algún momento como soporte de la vieja viga comida por los gusanos que servía de vano del techo. A este palo estaba atada una persona, tan envuelta en las sábanas que habían sido usadas para sujetarla, que se hacía difícil de momento decir si se trataba de un hombre o de una mujer. Tenía una toalla puesta alrededor del cuello y atada a la columna. Otra cubría la parte inferior del rostro, dejando al descubierto dos ojos negros llenos de dolor y vergüenza y una terrible mirada interrogante que se fijaba en nosotros. En un momento desatamos los lazos, sacamos las sábanas y la señora Stapleton se desplomó en el suelo delante de nosotros. Cuando su bella cabeza cayó sobre el pecho, vi el verdugón rojo de una tralla alrededor de su cuello.

—¡El muy bestia! —exclamó Holmes—. ¡Venga, Lestrade, traiga su botella de coñac! ¡Pongámosla en la silla! Está desvanecida por los malos tratos y el agotamiento.

Ella volvió a abrir los ojos.

—¿Está él ileso? —preguntó—. ¿Ha escapado?

—No podrá escapar de nosotros, señora.

—No, no, no me refiero a mi marido. ¿*Sir* Henry? ¿Está bien?

—Sí.

—¿Y el sabueso?

—Está muerto.

Soltó un largo suspiro de satisfacción.

—¡Gracias a Dios! ¡Gracias a Dios! ¡Oh, este villano! ¡Vean cómo me ha tratado! —se arremangó los brazos y vimos con horror que estaban llenos de cardenales—. ¡Pero esto no es nada, nada! Es mi alma, mi espíritu lo que él ha torturado y manchado. Puedo soportarlo todo, malos tratos, soledad, una vida de engaños, todo, mientras aún pueda aferrarme a la esperanza de tener su amor, pero ahora sé que también eso era mentira, era una trampa para que yo sirviera a sus propósitos —cuando terminó de hablar, rompió a sollozar de dolor.

—Usted no le puede ver con buenos ojos, señora —dijo Holmes—. Por eso díganos dónde le podemos encontrar. Ya que le ha ayudado en lo malo, ayúdenos a nosotros ahora y que le sirva de expiación.

—Sólo hay un lugar adonde puede haber ido —contestó ella—. Es una vieja mina de estaño en una isla en el centro del charco. Era allí donde guardaba su perro y también fue allí donde preparó todo para poder tener un refugio. Hacia allí habrá huido.

El manto de niebla cubría la ventana como lana blanca. Holmes acercó la lámpara.

—Vean —dijo—, nadie podrá encontrar el camino hacia el charco de Grimpen con esta noche.

Ella se rió y dio unas palmadas. Sus ojos y sus dientes brillaron con salvaje regocijo.

—Él encontrará el camino para entrar, pero nunca para salir —exclamó ella—. ¿Cómo puede ver las marcas esta noche? Las hemos puesto los dos para indicar el camino hacia el charco. ¡Oh, si hubiese podido arrancarlas hoy! Entonces sí que lo tendrían a su merced.

Nos dimos cuenta de que cualquier persecución era inútil hasta que se disipara la niebla. Mientras tanto, dejamos a Lestrade a cargo de la casa, mientras Holmes y yo volvimos con *sir* Henry a la mansión de los Baskerville. Ya no se le podía ocultar por más tiempo la historia de los Stapleton, pero él lo afrontó con bravura cuando supo la verdad sobre la mujer que había amado. Sin embargo, el golpe de las aventuras de esa noche había hecho mella en sus nervios y antes del amanecer deliraba con una gran fiebre bajo los cuidados del doctor Mortimer. Los dos habían proyectado hacer un viaje alrededor del mundo cuando *sir* Henry volviera a ser el hombre sano y fuerte que había sido antes de ser el dueño de esa nefasta herencia.

Y ahora voy rápidamente al final de este extraño relato, en el cual he intentado hacer que el lector compartiera esos oscuros temores y vagas conjeturas que nublaron nuestras vidas durante tanto tiempo y terminaron de modo tan trágico. A la mañana siguiente a la muerte del sabueso, la niebla se había disipado y fuimos guiados por la señora Stapleton hasta el punto donde ellos habían abierto un camino a través del pantano. Esto nos ayudó a hacernos cargo de la horrible vida de esta mujer, cuando vimos la impaciencia y la alegría con que nos conducía sobre la pista de su marido. La dejamos esperando sobre la estrecha península de suelo firme de turba que terminaba en el amplio pantano. Desde el final de ésta, unas pequeñas varas, enterradas aquí y allá, señalaba el camino zigzagueante de arbusto en arbusto, entre estos pozos verdes de fango y atolladeros que impedían el paso al que lo desconociera.

Filas de juncos y lozanas plantas acuáticas despedían un olor a podrido y un fuerte vapor de miasma hacia nuestros rostros, mientras que algún paso en falso nos hundió más de una vez en el oscuro y estremecedor charco, el cual producía suaves olas alrededor de nuestros pies. Su fuerza nos arrastraba por los talones mientras caminábamos, y cuando nos enterrábamos en él, era como si alguna mano maligna nos empujara hacia esos nauseabundos fondos, tal era la fuerza que nos impulsaba. Sólo una vez pude ver algo que indicara que alguien había pasado por ese peligroso sendero antes que nosotros. Entre un arbusto de algodón que sobresalía del fango había algo oscuro. Holmes se inclinó para cogerlo y si no hubiéramos estado ahí para sacarle, jamás hubiese podido volver a poner los pies en tierra firme. Nos enseñó una vieja bota negra. "Meyers, Toronto" estaba grabado por dentro en el cuero.

—Bien vale un baño de fango —dijo—. Es la bota que le faltaba a nuestro amigo *sir* Henry.

—Tirada ahí por Stapleton en su huida.

—Exactamente. La tenía en su mano después de haber lanzado al perro sobre su pista. Huyó cuando supo que el juego había terminado, aún con la bota en la mano. Y la tiró en este punto de su huida. Por lo menos sabemos que ha llegado hasta aquí ileso.

Pero más que eso jamás íbamos a saber, aunque haya mucho que podamos conjeturar. No hubo posibilidades de encontrar pisadas en el charco, ya que el fango las cubría totalmente, pero cuando por fin llegamos a un terreno más firme, todos las buscamos con ansiedad. Sin embargo, nuestros ojos no consiguieron encontrar el más mínimo vestigio. Si la tierra nos contó una historia verdadera, entonces Stapleton nunca llegó a esa isla de refugio hacia la cual se dirigió a través de la niebla la pasada noche. En algún lugar en el centro del gran charco, abajo, en el fango del enorme pantano que lo había aspirado, este hombre frío y cruel quedó para siempre enterrado.

Encontramos muchos indicios de él en la isla rodeada de fango donde había escondido a su salvaje aliado. Un enorme volante y un eje medio cubierto de herrumbre mostraban la posición de una mina abandonada. Detrás estaban los restos derruidos de las casas de los mineros, asoladas, sin duda, por la riada de la ciénaga. En una de ellas, un gancho y una cadena con una gran cantidad de huesos roídos mostraba dónde había estado encerrado el animal. Entre los desperdicios había un esqueleto con una madeja de pelo marrón.

—¡Un perro! —dijo Holmes—. ¡Caramba! Un *spaniel* de pelo rizado. Pobre Mortimer, no volverá a ver a su perro. Bueno, no creo que este lugar contenga ningún secreto que ya no hayamos desentrañado. Pudo esconder su perro, pero no pudo hacer callar sus aullidos y así salían esos gritos que incluso a la luz del día eran desagradables al oído. En una emergencia pudo guardar el perro en la caseta de Merripit House, pero siempre era un riesgo y fue solamente en el último día, que él consideraba el final de todos sus trabajos, cuando se atrevió a hacerlo. Esta pasta en la lata es sin duda la mezcla luminosa con la cual pintaba al animal. Fue sugerido, naturalmente, por la historia del sabueso endemoniado de la familia y por el deseo de asustar al viejo *sir* Charles hasta la muerte. No es de sorprender que el pobre demonio del presidiario haya corrido y gritado al igual que lo hizo nuestro amigo, y como lo hicimos nosotros cuando vimos a ese animal saltando a través de la oscuridad del páramo tras su pista. Era una astuta artimaña, ya que, además de conducir a su víctima hacia la muerte, ¿qué campesino se aventuraría a acercarse a ese animal si lo viera, como les pasó a muchos en el páramo? Lo dije en Londres, Watson, y lo vuelvo a decir ahora: nunca habríamos conseguido dar caza a un hombre más peligroso que el que queda ahí enterrado —y extendió su brazo hacia la gran extensión de fango verdoso que iba a terminar en las rojizas laderas del páramo.

XV

Una mirada hacia atrás

A finales de noviembre Holmes y yo estábamos sentados, en una noche desapacible y de niebla, a ambos lados de un buen fuego en nuestra sala de estar en Baker Street. Desde el trágico final de nuestra visita a Devonshire, Holmes había estado ocupado en dos casos de la mayor importancia, en el primero de los cuales había probado la atroz conducta del coronel Upwood, relacionada con el famoso escándalo de juego del club Nonpareil, mientras que en el segundo había defendido a la infeliz señorita Monpensier de la acusación de asesinato de su hijastra, la señorita Carère, la joven que, como se recordará, fue encontrada seis meses más tarde viva y casada en Nueva York. Mi amigo estaba de excelente humor por el éxito obtenido en una sucesión de casos difíciles e importantes, por lo cual pude convencerle para que hablara de los detalles del misterio de los Baskerville.

Había aguardado con mucha paciencia esta oportunidad, ya que sabía que él jamás permitiría que los casos se superpusieran ni que su mente clara y lógica se desviara de su actual trabajo para ocuparse de recuerdos del pasado. No obstante, *sir* Henry y el doctor Mortimer habían estado en Londres, de paso en un largo viaje que les había sido aconsejado para la recuperación de sus maltrechos nervios. Esa misma tarde habían venido a vernos y por eso era natural que se hablara del asunto.

—Todo el curso de los acontecimientos —dijo Holmes—, bajo el punto de vista del hombre que se hacía llamar Stapleton, era sencillo y directo, aunque para nosotros, que al principio no dispusimos de medios para saber los motivos de sus acciones y solamente pudimos conocer parte de los hechos, nos pareciera extraordinariamente complicado. Hemos tenido la ventaja de tener dos conversaciones con la señora Stapleton y el caso ahora está tan completamente aclarado que no creo que haya quedado ningún secreto desconocido para nosotros. Encontrará algunas anotaciones sobre el asunto en la sección B de la lista alfabética de casos.

—Quizá usted pueda tener la amabilidad de hacerme un boceto de la marcha de los acontecimientos, de memoria.

—Ciertamente, aunque no le puedo garantizar que tenga todos los hechos así grabados en mi memoria. La intensa concentración mental tiene una forma rara de emborronar el pasado. El abogado que conoce un asunto con todo detalle, pudiendo discutirlo con cualquier experto, podrá comprobar que posteriormente, tras una o dos semanas de juicios, se le habrá borrado totalmente de su mente. Del mismo modo, cada uno de mis casos desplaza al anterior y la señorita Carère ha empañado mi recuerdo de la mansión de los Baskerville. Mañana puede que me propongan algún otro pequeño problema, que a su vez desahuciará a la honesta dama francesa y al infame Upwood. Sin embargo, en lo que se refiere al caso del sabueso, le puedo relatar los hechos lo más aproximadamente posible y usted me llamará la atención cuando yo haya olvidado algo.

"Mis investigaciones muestran, por encima de cualquier duda, que el retrato de la familia no miente y que

este hombre era realmente un Baskerville. Era hijo de ese Rodger Baskerville, el hermano menor de *sir* Charles, que se marchó con una siniestra reputación a Suramérica, donde se dijo que murió soltero. De hecho se casó y tuvo un hijo, este hombre, cuyo verdadero apellido es el mismo de su padre. Se casó con Beryl García, una de las bellezas de Costa Rica, y, habiendo robado una considerable cantidad de dinero público, cambió su nombre por el de Vandeleur y huyó a Inglaterra, donde montó una escuela al este de Yorkshire. Su motivo para dedicarse a este género de negocio fue que durante el viaje de regreso había conocido a un profesor de física, y utilizó la capacidad de este hombre para que el montaje fuera un éxito. Sin embargo, Fraser, el profesor, murió y la escuela, que empezó bien, se hundió desacreditada en la infamia. Los Vandeleurs estimaron que era conveniente cambiar su nombre por el de Stapleton y él trajo lo que quedaba de su fortuna, sus planes para el futuro y su gusto por la entomología al sur de Inglaterra. Supe en el Museo Británico que él era una autoridad reconocida en el tema y que el nombre de Vandeleur siempre había estado unido a cierto insecto que, en sus tiempos de Yorkshire, él había sido el primero en describir.

"Ahora llegamos a esa parte de su vida que ha probado ser de tan gran interés para nosotros. El hombre, como es lógico, había investigado y verificó que solamente dos vidas se interponían entre él y una valiosa fortuna. Cuando llegó a Devonshire sus planes eran, según creo, extraordinariamente confusos, pero que desde el primer momento deseaba hacer daño es evidente, por el modo como llegó con su esposa, haciéndola pasar por su hermana. La idea de usarla como un señuelo ya estaba en su mente, aunque puede que no estuviera seguro de cómo iba a disponer los detalles de su acción. Por encima de todo estaba dispuesto a hacerse cargo de la fortuna y estaba listo para usar cualquier instrumento o correr cualquier riesgo para llegar a esa meta. Su primera acción fue la de instalarse lo más cerca posible de la casa de sus antepasados y la segunda era cultivar la amistad de *sir* Charles Baskerville y de los vecinos.

"El noble le habló sobre el sabueso de la familia, preparando así el terreno para su propia muerte. Stapleton, como seguimos llamándole, supo que el corazón del anciano estaba enfermo y que un golpe lo mataría. Eso lo supo por el doctor Mortimer. También llegó al conocimiento de que *sir* Charles era supersticioso y que había tomado muy en serio esa trágica leyenda. Su ingeniosa mente le sugirió de inmediato una forma de llevar al caballero a la muerte y con la que fuera muy difícil poder descubrir al verdadero asesino.

"Habiendo concebido la idea, siguió actuando con considerable finura. Un intrigante vulgar se hubiese contentado con trabajar con un perro salvaje. Él se sirvió de medios artificiales para volver al animal diabólico; fue un golpe de ingenio por su parte. Compró el perro en Londres, en Ross & Mangles, los comerciantes de Fulham Road. Era el más fuerte y el más salvaje que tenían. Lo trajo por la línea de North Devon y caminó una gran distancia por el páramo para llegar a casa sin que se hiciera notar. De hecho, en sus cacerías de insectos ya había aprendido a penetrar en el Charco de Grimpen y así encontró un lugar seguro para ocultar al animal.

"Pero algo imprevisto iba a ocurrir. No era posible hacer que el anciano saliera de sus propiedades por la noche. Varias veces Stapleton vagó por los alrededores con el perro, pero sin suerte. Fue durante estos infructíferos intentos cuando él, o, más bien, su aliado, fueron vistos por los campesinos y ya la leyenda del perro diabólico obtuvo una nueva confirmación. Él había esperado que su mujer pudiera conducir a *sir* Charles a su fin, pero en este caso, inesperadamente, ella se mantuvo al margen. No quiso intentar enredar al anciano en una unión sentimental que le podría poner en manos de su enemigo. Con amenazas y todo, lamento decirlo, nada la conmovió. No hubo nada que hacer con ella y durante algún tiempo Stapleton permaneció en un punto muerto. Encontró una forma de salir de sus dificultades a través de la posibilidad de que *sir* Charles, que había empezado una amistad con él, lo convirtiera en ministro de su caridad en el caso de esa desgraciada mujer, la señora Laura Lyons. Presentándose como un hombre soltero, adquirió una completa influencia sobre ella y le dio a entender que, en el caso de que obtuviera el divorcio de su marido, se casaría con ella. Sus planes llegaron súbitamente a la cumbre al saber que *sir* Charles estaba a punto de abandonar la mansión por consejo del doctor Mortimer, con cuya opinión él mismo fingió estar de acuerdo. Tenía que actuar de inmediato o su víctima se le podía escapar de las manos. Por eso presionó a la señora Lyons para que escribiera esa carta, solicitando al anciano que se entrevistara con ella la víspera de su partida para Londres. Entonces, mediante un sutil argumento, le impidió que fuera y así tuvo la ocasión de realizar lo que estaba esperando.

"Volviendo por la noche a Coombe Tracey, tuvo tiempo para coger al perro, embadurnarlo con su infernal pintura y llevar a la bestia junto a la puerta, donde tenía motivos para esperar que encontraría al anciano aguardando. El perro, azuzado por su amo, saltó sobre la verja y persiguió al infeliz *sir* Charles, que corrió asustado por la alameda. En ese oscuro túnel pudo realmente tener una terrible visión de ese enorme animal negro, con sus mandíbulas chispeantes y sus ojos en llamas, que saltaba detrás de su víctima. Cayó muerto al final de la alameda a causa de su corazón enfermo y del terror. El perro se había mantenido sobre la orilla de césped mientras que el anciano corrió por la calzada, así que no se podían ver huellas del perro, sino solamente del hombre. Al verle tirado en el suelo, el animal probablemente aún se acercó para olerlo, pero al encontrarle muerto volvió a apartarse. Fue entonces cuando dejó la huella que fue vista por el doctor Mortimer. El perro fue llamado y llevado rápidamente a su hogar en el Charco de Grimpen y generó un misterio que confundió a la autoridad, alarmó al pueblo y finalmente trajo el caso a estudio.

"Esto por lo que concierne a la muerte de *sir* Charles Baskerville. Usted conoce su diabólica astucia, ya que realmente era casi imposible presentar una querella contra el verdadero asesino. Su único cómplice no podría nunca delatarle y la grotesca e inconcebible naturaleza del instrumento solamente sirvió para hacerlo más eficaz. Ambas mujeres relacionadas con el caso, la señora Stapleton y la señora Laura Lyons guardaron fuertes sospechas acerca de Stapleton. La señora Stapleton sabía que él tenía sus propias intenciones sobre el anciano y también conocía la existencia del perro. La señora Lyons no sabía nada de estas cosas, pero había quedado impresionada por una muerte que tuvo lugar a la hora de una cita sin anular que solamente él conocía. Sin embargo, ambas estaban bajo su influencia y él no tenía nada que temer de ellas. La primera parte de su tarea había sido realizada con éxito, pero aún quedaba lo más difícil.

"Es posible que Stapleton no conociera la existencia de un heredero en Canadá. En cualquier caso, muy pronto iba a saberlo por su amigo el doctor Mortimer y éste le dio todos los detalles sobre la llegada de Henry Baskerville. La primera idea de Stapleton fue la de que este joven desconocido de Canadá podría muy bien morir en Londres sin llegar siquiera a Devonshire. Stapleton no confiaba en su mujer desde que ella había rehusado tender una trampa al anciano y se prometió no dejarla nunca fuera de su vista durante mucho tiempo, por temor a perder su influencia sobre ella. Por ese motivo la llevó a Londres con él. Supe que se habían alojado en el hotel Mexborough, en Craven Street, uno de los que mi enviado visitó para buscar pruebas. Allí mantuvo a su mujer prisionera en su dormitorio, mientras él, disfrazado con una barba, seguía al doctor Mortimer hasta Baker Street, después hasta la estación y al hotel Northumberland. Su mujer tenía alguna sospecha de sus planes, pero tenía tanto miedo a su marido —un miedo basado en los malos tratos— que no osaba escribir para avisar al hombre que ella sabía que estaba en peligro. Si la carta cayera en manos de Stapleton, su propia vida estaría en peligro. Entonces, como sabemos, adoptó el sistema de recortar las palabras que formarían el mensaje y escribió el sobre con una letra falsificada. *sir* Henry la recibió y así tuvo el primer aviso del riesgo que corría.

"Era muy importante para Stapleton conseguir alguna prenda del atuendo de *sir* Henry, para que, en el caso de que se viera obligado a emplear el perro, tuviera un medio para hacerle seguir la pista. Con la prontitud y audacia que le eran características, se puso de inmediato en acción y no podemos dudar de que el botones o el criado del hotel hayan sido sobornados para ayudarle en sus propósitos. Sin embargo, por suerte, la primera bota que le consiguieron era nueva y por lo tanto no servía a sus objetivos. Entonces la hizo devolver y sacar otra —un caso de lo más aleccionador, puesto que me probó, en definitiva, que estábamos delante de un perro de verdad, ya que ninguna otra suposición podría explicar ese afán de obtener una bota vieja y esa indiferencia por la nueva—. Cuanto más grotesco y absurdo es un incidente, más cuidadosamente hay que examinarlo, y el punto exacto que parece complicar un caso es el que, cuando se estudia detenidamente y se trata científicamente, tiene más posibilidades de aclararlo.

"Entonces tuvimos la visita de nuestros amigos, a la mañana siguiente, siempre seguida por Stapleton desde el coche de alquiler. Por su conocimiento de nuestros aposentos y por su aspecto, así como por su conducta general, estoy inclinado a pensar que la carrera criminal de Stapleton no se limita de ningún modo a este asunto de los Baskerville. Hay indicios de que los últimos tres años hubo cuatro considerables robos al oeste del país y jamás se ha detenido a su autor. El último de ellos, en Folkestone Court, en mayo, fue notable por el disparo a sangre fría del paje, que descubrió al ladrón enmascarado y solitario. No puedo dudar de que Stapleton conseguía sus medios de vida de este modo y que durante años ha sido un hombre desesperado y peligroso.

"Tuvimos un ejemplo de sus muchos recursos esa mañana que se despidió de nosotros tan seguro, y también de su audacia al mandarme de vuelta al cochero diciendo que le había enviado Sherlock Holmes. A partir de ese momento, él supo que yo me había hecho cargo del caso en Londres y que por lo tanto aquí no tenía ninguna oportunidad. Volvió a Dartmoor y aguardó la llegada de *sir* Henry.

—¡Un momento! —dije yo—. Usted, no hay duda, ha descrito correctamente la secuencia de los hechos, pero hay un punto que ha dejado sin explicación. ¿Qué pasó con el perro mientras su amo estaba en Londres?

—También he estudiado algo este asunto y, qué duda cabe, es importante. No puede existir ninguna duda de que Stapleton tenía una persona de confianza, aunque sea improbable que jamás se haya puesto a su merced hablándole de sus planes. Había un viejo sirviente en Merripit House cuyo nombre era Antonio. Su relación con los Stapleton data de hace varios años, desde los días de la escuela, por lo cual él tenía que saber que sus amos eran en realidad marido y mujer. Este hombre ha desaparecido y se marchó del país. Es aleccionador que Antonio no es un nombre corriente en Inglaterra, mientras que lo es en España y en los países de habla hispana. El hombre, al igual que la señora Stapleton, hablaba bien el inglés, pero con un curioso ceceo. Yo mismo he visto a este hombre cruzar el Charco de Grimpen por el sendero que Stapleton había señalado. Es muy probable, por lo tanto, que en ausencia de su amo se haya ocupado del perro, aunque puede que nunca haya conocido el objetivo para el que servía el animal.

"Entonces los Stapleton se fueron a Devonshire, hasta donde pronto *sir* Henry y yo los seguimos. Ahora una palabra sobre cómo yo mismo me aclaré sobre el asunto. Es posible que le venga a la memoria que cuando examiné el papel sobre el cual se habían pegado las palabras, inspeccioné muy de cerca la marca del fabricante. Al hacerlo lo tuve muy cerca de los ojos y pude percibir el olor característico del perfume conocido como jazmín blanco. Existen setenta y cinco perfumes, siendo muy conveniente que un experto en crímenes pueda distinguirlos, y en mi experiencia más de una vez hubo casos que dependían de su pronto reconocimiento. El aroma sugirió la presencia de una mujer y mis ideas ya empezaron a dirigirse hacia los Stapleton. Entonces me aseguré de lo del perro y había pensado en el criminal incluso antes de que fuéramos a West Country.

"Mi papel era vigilar a Stapleton. No obstante, era obvio que no podría hacerlo si estaba con usted, ya que él estaría precavido. Por lo tanto, engañé a todo el mundo, incluyéndole a usted, y bajé en secreto cuando se suponía que me encontraba en Londres. Mis penas no fueron tan grandes como se imagina, ya que detalles de tan poca monta nunca pueden interferir con la investigación de un caso. Durante la mayor parte del tiempo permanecí en Coombe Tracey y solamente utilicé la cueva del páramo cuando fue necesario estar cerca del escenario de la acción. Cartwright había ido conmigo y con su disfraz de chico de pueblo me ayudó mucho. Yo dependía de él para la comida y la ropa limpia. Cuando yo estaba vigilando a Stapleton, muchas veces Cartwright le estaba vigilando a usted, de modo que yo podía tocar todas las cuerdas de la guitarra.

"Ya le he dicho que sus informes me llegaban rápidamente, siendo remitidos al instante de Baker Street hacia Coombe Tracey. Me han sido de gran ayuda, especialmente aquel fragmento de la biografía de Stapleton. Pude establecer la identidad del hombre y de la mujer, y por fin supe exactamente dónde estaba. El caso ha sido considerablemente complicado por el incidente del prisionero fugado y las relaciones entre él y los Barrymore. Esto también usted lo ha aclarado de un modo muy eficaz, aunque por mis propias observaciones yo ya había llegado a las mismas conclusiones.

"Cuando usted me descubrió en el páramo, yo ya tenía un conocimiento completo de todo el asunto, pero no disponía de un móvil que se pudiera presentar ante un jurado. Incluso el atentado de Stapleton contra *sir* Henry esa noche, que terminó con la muerte del desgraciado preso, no nos ayudaba mucho a probar el crimen de nuestro hombre. Parecía que no existía otra alternativa sino cogerle con las manos en la masa, y por eso tuvimos que utilizar a *sir* Henry, solo y aparentemente sin protección, como cebo. Lo hicimos y, a costa de un severo susto para nuestro cliente, conseguimos completar nuestro caso y llevar a Stapleton hacia su destrucción. Que *sir* Henry haya tenido que exponerse a esto, debo confesarle, es un reproche para la forma en que gestioné el caso, pero no disponíamos de medios para prever el terrible y paralizante espectáculo que presentaba el animal, ni podíamos predecir la niebla que le permitió saltar sobre nosotros tan de repente. Hemos logrado nuestro objetivo a un coste que tanto el especialista como el doctor Mortimer me aseguran que será pasajero. Un largo viaje permitirá que nuestro amigo se recupere de sus destrozados nervios. Y también de sus heridos sentimientos. Su amor por la dama era profundo y sincero, y para él la parte más triste de todo este negro asunto fue que ella le tuviera que engañar.

"Ahora sólo queda referirme al papel que ella ha desempeñado en todo esto. No puede existir ninguna duda de que Stapleton ejercía sobre ella una influencia que podía haber sido amor o podía haber sido temor o muy posiblemente ambas cosas, puesto que no son de ningún modo sentimientos incompatibles. Era, por lo menos, totalmente eficaz. A sus órdenes, ella consintió en hacerse pasar por su hermana, aunque él encontrara el límite de su poder sobre ella cuando intentó hacerla instrumento directo del crimen. Ella estaba dispuesta a avisar a *sir* Henry mientras pudiese hacerlo sin implicar a su marido, y una y otra vez lo intentó. El propio Stapleton parece que llegaba a estar celoso, y cuando vio que *sir* Henry la cortejaba, incluso aunque eso formara parte de su plan, no pudo contenerse y lo detuvo con un arranque apasionado, que reveló la mente feroz que sus modales reservados ocultaban tan astutamente. Favoreciendo la intimidad, se aseguraba de que *sir* Henry visitaría con frecuencia Merripit House y que más pronto o más tarde tendría la oportunidad que estaba esperando. Sin embargo, en el día crítico su mujer se revolvió decididamente en contra suya. Había oído algo sobre la muerte del fugitivo y supo que el perro estaba guardado en la caseta la noche que *sir* Henry venía a cenar. Acusó a su marido del crimen previsto y siguió una furiosa escena, durante la cual él le mostró por vez primera que ella tenía un rival en su amor. En un instante su fidelidad se volvió un amargo odio y él vio que ella le traicionaría. Por eso la ató arriba, para que no tuviera ninguna oportunidad de avisar a *sir* Henry, y esperaba, sin duda, que cuando todo el pueblo atribuyera la muerte del joven al sino de su familia, como ciertamente lo harían, él podría recuperar a su mujer y hacerla aceptar un hecho consumado y guardar el secreto sobre lo que sabía. Sobre esto pienso que, en cualquier caso, él se ha equivocado y que, si no hubiésemos estado allí, su suerte no hubiese sido ni mejor ni peor. Una mujer de sangre española en las venas no perdona una injuria tan fácilmente. Y ahora, mi querido Watson, sin consultar mis notas no puedo hacerle un relato más detallado de este curioso caso. No creo que algo esencial haya quedado por explicar.

—No podía Stapleton esperar que asustara a *sir* Henry hasta la muerte, como hizo con el anciano tío, por medio de su perro del pantano.

—El animal era salvaje y algo hambriento. Si su aspecto no asustaba a su víctima hasta la muerte, por lo menos paralizaría la resistencia que ésta pudiera ofrecer.

—Sin duda. Solamente queda un problema. Si Stapleton llegara a heredar, ¿cómo podría explicar el hecho de que él, como heredero, ha vivido sin darse a conocer bajo otro nombre tan cerca de la fortuna? ¿Cómo podría reclamarla sin despertar sospechas y preguntas?

—Es un problema formidable y me temo que pide demasiado si espera que yo lo solucione. El pasado y el presente están dentro del marco de mi investigación, pero lo que un hombre pueda hacer en el futuro es una pregunta muy difícil de contestar. La señora Stapleton había oído a su marido hablar del problema en varias ocasiones. Existían tres posibles caminos: podría reclamar la herencia desde Suramérica, establecer allí su identidad ante las autoridades británicas y así obtener la fortuna sin tener nunca que venir a Inglaterra; o podría adoptar un exquisito disfraz durante el corto período que necesitara estar en Londres; o aún otra: podría suministrar a un cómplice las pruebas y documentos, presentándole como heredero y conservando una parte de sus ingresos. No podemos dudar, por lo que conocemos de él, que habría encontrado alguna forma de salir del problema. Y ahora, mi querido Watson, hemos tenido algunas semanas de duro trabajo y por una noche, creo yo, podemos dirigir nuestras ideas hacia temas más agradables. Tengo un palco para *Les huguenots*. ¿Ha oído a los De Reszkes? Entonces le ruego que se arregle en media hora, y podremos detenernos en el camino para tomar una pequeña cena en Marcini.

ÍNDICE

Págs.

TRÉBOL ORO

Títulos de la colección:

Serie «Novelas»

Alicia en el País de las Maravillas - *Lewis Carroll*
El maravilloso mago de Oz - *Lyman Frank Baum*
Peter Pan y Wendy - *James M. Barrie*
Peter Pan en los jardines de Kensington - *James M. Barrie*
El libro de la selva - *Rudyard Kipling*
El segundo libro de la selva - *Rudyard Kipling*
El libro de las maravillas - *Marco Polo*
A través del espejo - *Lewis Carroll*
Las aventuras de Pinocho - *Carlo Collodi*
En los mares del sur - *Robert Louis Stevenson*
Viento en los sauces - *Kenneth Grahame*
Las aventuras de Sherlock Holmes - *A. Conan Doyle*
La roja insignia del valor - *Stephen Crane*
Frankenstein - *Mary W. Shelley*
La hija del capitán - *Alexandr S. Pushkin*
Secuestrado - *Robert Louis Stevenson*
La quimera del oro - *Jack London*
El capitán veneno / El amigo de la muerte - *Pedro A. Alarcón*
Stalky y Cía - *Rudyard Kipling*
Mágico verano - *Leonor Mercado*
El signo de los cuatro - *Arthur Conan Doyle*
Caramurú y la anaconda - *Concha Zardoya*
El misterio de la momia - *Théophile Gautier*
Los sueños de Simplón - *George Sand*
Narración de Arthur Gordon Pym - *Edgar Allen Poe*
El sabueso de los Baskerville - *Arthur Conan Doyle*
Puck de la colina de Pook - *Rudyard Kipling*
Tartarín de Tarascón - *Alphonse Daudet*